JN436829

40일간의 독일어산책

40일간의 독일어산책

이소영

서울대학교출판문화원

책머리에

이 책은 독일어를 처음 접하는 학습자가 사전 없이도, 별도의 도움 없이도 혼자서 독일어를 익힐 수 있도록 구성되었다. 효과적인 듣기 연습을 할 수 있도록 엠피스리(mp3)를 이용해 이 책의 표현들을 반복하여 들어볼 수 있도록 하였음은 물론이다.

정해진 시간에 한 권의 교재를 독학으로 마치는 것은 그러나 책의 구성이 초보자에게 얼마나 적합하게 만들어졌는가 하는 것과는 또 다른 문제이다. 이 책의 내용을 필자의 설명과 함께 익히고자 하는 학습자는 EBS에서 제공하는 온라인 강의를 통해 약 40일 정도에 목적을 달성할 수 있다. 따라서 이 책의 한 강은 독일어를 알파벳부터 독학하기 시작하는 수강생이 무리 없이 하루에 소화할 수 있도록 쓰였다.

이 책의 구성은 먼저 '1. 기본 대화와 표현'을 통해 가장 기본적인 대화 표현을 익히고, '2. 어휘'에서 이 강에 등장하는 단어와 숙어 표현을 익힐 수 있도록 짜였다. '3. 한 걸음 더'에서는 기본 표현 외에도 비슷한 상황에서 사용할 수 있는 다양한 표현들을 보고 익힐 수 있도록 하였다. '4. 구조'에서는 앞서 배운 다양한 표현들의 내부를 관통하는 일정한 규칙 체계를 함께 공부한다. '5. 발음'은 발음기호 없이 철자만 보고도 자연스럽게 발음을 익힐 수 있도록 구성하였다. 독일어는 철자 자체가 발음기호라 해도 큰 무리가 없는 언어이다. 책의 중반부인 제20강까지는 모든 발음 규칙을 익힐 수 있도록, 각 강마다 발음 부분을 넣어 충분히 연습하도록 하였고, 제21강 이후에는 교재에서 발음 부분을 특별히 강조하지는 않는다. 마지막으로 'Tipp'은 그 강에서 다루기에는 조금 벅찬 표현이나 어법을 간단하게 짚어주기만 하면서 앞으로 어떤 식으로 그것들을 다시 배우게 될 것인지 언급해 주는 자리이다.

이 책은 또한 대학에서 독일어 첫걸음을 위한 교재로도 사용할 수 있도록 구성되었는데, 중간고사와 기말고사 기간을 제외하고 한 학기에 13~14주 정도의 수업이 이루어진다고 한다면 한 주에 세 강 정도를 공부하면 이 책을 한 학기 내에 무리 없이 다 공부할 수 있을 것이다. 교재와 함께 제공되는 음원을 수업 시간에 활용할 것을 권장한다.

이 책을 쓰는 동안 많은 분들에게 조언을 구했다. 책을 쓰다 보니 끊임없이 집필을 하시던 스승의 기억이 새로웠다. 남기신 저서와 기억 속의 강의를 통해 여전히 필자를 가르쳐 주고 계신 신수송 명예 교수님께 깊은 감사의 말씀을 드린다. 또한 이 책을 쓰도록 독려해 주시고 많은 조언과 자료를 주신 강창우 선생님께도 감사드린다. 귀한 사진 자료를 아낌없이 내어주신 정동규 선생님, 이재황 선생님, 구명철 선생님, 황승환 선생님, 홍진호 선생님께도 송구하고 또 감사한 마음이다. 마지막으로 이 책의 출판을 위해 애를 써 주신 서울대학교출판부에 감사드린다.

2008년 12월 15일 관악산에서

이소영

차례

알파벳

다음은 독일어의 철자입니다. 영어 알파벳과 모양은 같지만 이름이 다릅니다. 이 다른 이름들이 영어와 독일어의 발음 차이를 설명해 주는 부분이기도 합니다. 잘 듣고 따라해 보기 바랍니다.

A	B	C	D	E	F	G	H	I	J	K	L	M
a	b	c	d	e	f	g	h	i	j	k	l	m
a:	be:	tse:	de:	e:	ɛf	ɡe:	ha:	i:	jɔt	ka:	ɛl	ɛm
N	O	P	Q	R	S	T	U	V	W	X	Y	Z
n	o	p	q	r	s	t	u	v	w	x	y	z
ɛn	o:	pe:	ku:	ɛr	ɛs	te:	u:	fau	ve:	ɪks	ʏpsilɔn	tsɛt

다음은 영어에는 없는 독일어의 특수 철자들입니다.

Ä	Ö	Ü	SS
ä	ö	ü	ß
ɛ:	ø:	y:	ɛstsɛt

이 중 ä, ö, ü 는 변모음(Umlaut)이라 부릅니다. 쉽게 말해 모음 a, o, u가 변한 모음이라는 뜻입니다. 실제로 발음할 때에도, a, o, u 소리를 내기 위한 입 모양을 그대로 유지한 상태에서 소리나는 위치를 앞쪽으로 좀 이동시킨다고 생각하면 어렵지 않게 발음할 수 있습니다. 이제껏 접해 보지 못한 낯선 발음들이므로 방송을 잘 듣고 반복해서 따라해 보기 바랍니다. 이 중 ß는 대문자가 없기 때문에 대문자로 써야 할 경우에는 도표에서처럼 SS로 풀어서 씁니다.

제1강

Guten Tag!

1 기본 대화와 표현

A : Guten Tag!
B : Guten Tag!
A : Auf Wiedersehen!
B : Auf Wiedersehen!

A: 안녕하세요!
B: 안녕하세요!
A: 잘 가요!
B: 잘 가요!

서로 어느 정도 예의를 갖추는 사이인 두 사람이 만나서 짧게 인사를 하고 헤어지는 상황입니다. 이 대화를 중심으로 이 강에서는 가장 기본적인 인사말들을 익히겠습니다.

2 어휘

gut ㉠ 좋은(guten = gut + en: 형용사 어미 변화)
auf ㉠ ~에
der Appetit 식욕
die Mahlzeit 식사 시간
der Tag 날, 하루, 낮
das Wiedersehen 다시 봄, 다시 보기
dich ㉠ 너를
tschüs ㉠ 안녕(잘 가)

Guten Morgen! 좋은 아침!
Guten Abend! 좋은 저녁!

Guten Tag! 좋은 날! 좋은 하루! Gute Nacht! 잘 자, 안녕히 주무세요

Grüß Gott! 안녕하세요(독일 남부와 오스트리아 지역에서 사용하는 인사말로 서로 예의를 지키는 사이에서 쓰는 말. 헤어질 때에는 쓸 수 없습니다.)

Auf Wiedersehen! 안녕히 가세요!, 또 봐요!

Tschüs! 잘 가!(서로 격식을 차릴 필요가 없는 사이에서 가장 많이 쓰이는 인사말입니다.)

Grüß dich! 안녕!(Grüß Gott과 마찬가지로 독일 남부 지역과 오스트리아에서 사용하는 인사말입니다.)

Servus! 안녕!(독일 남부, 오스트리아 등지에서 사용하는 인사말, 만날 때와 헤어질 때 다 사용할 수 있습니다.)

Guten Appetit! 맛있게 드세요!

Mahlzeit! 맛있게 먹어! 즐거운 식사 시간!(회사 동료, 학교 친구 등 가까운 사이에서 나누는 인사말입니다.)

3 한 걸음 더

Guten Morgen!
Tag!
Abend!

Gute Nacht!

A: Grüß Gott!
B: Grüß Gott!

A: Servus!
B: Servus!

A: Grüß dich!
B: Grüß dich!

A: Tschüs!
B: Tschüs!

A: Guten Appetit!
B: Guten Appetit!

☞ 식사할 때 하는 인사말입니다.

4 구조

❑ 명사는 대문자로!

Guten Tag!이라는 인사말을 보면서 영어의 Good morning!과의 차이점을 발견할 수 있을 겁니다. 단어 Tag의 첫 철자가 대문자로 쓰였다는 것이지요. 독일어의 모든 명사는 대문자로 시작합니다.

❑ 인사말에 느낌표!

주의 깊게 관찰했다면 이 강에서 배운 인사말들에는 모두 느낌표가 사용되었다는 것을 발견했을 겁니다. 또 독일어는 인용문의 문장부호도 특이합니다. 열심히 공부해서 올바른 문장을 잘 썼다 해도 문장부호를 잘못 사용하면 정확한 문장을 쓰지 못한 것이니 특별히 주의하기 바랍니다.

5 발음

❑ 음절 끝의 g ⇒ [k]

Guten Tag! 이 말은 독일어는 철자 그대로 읽으면 된다는 일반적인 생각에 따라 발음해도 큰 무리가 없습니다. 다만 Tag의 마지막에 나오는 철자 g는 유성음이 아닌 무성음으로, 즉 [k]로 읽어야 합니다.

Tag	Berg	Flug

❑ 장모음 · 단모음

모음 다음에 하나의 자음이 나올 때 그 모음은 길게 발음하는 경우가 많고, 모음 뒤에 두 개 이상의 자음이 나오는 경우 그 모음은 짧게 발음되는 경우가 많습니다.

bitten	Butter	alles
Igel	Blume	rot

❑ w의 발음

w는 영어와 달리 [v]로 발음합니다. 영어의 v와 흡사하다고 보면 됩니다. (대신 독일어의 v는 또 다른 소리로 발음되겠지요?)

Wut	werden	Wange

❑ ie ⇒ [i:]

장모음으로 발음됩니다.

bieten	Liebe	tief

❑ s + 모음일 때 s ⇒ [z]

철자 s 다음에 모음이 오면 s는 유성음이 됩니다. g가 음절 끝에서 무성음이 되는 것과 대조적인 현상이지요?

siegen　　Saal　　Sommer

❑ 모음 + h ⇒ 장모음

자음 h가 자음으로 소리날 때에는 [h] 발음이 됩니다. 그러나 모음 다음에 철자 h가 나오면 이 h는 묵음이 됩니다. 그냥 묵음이 되고 마는 게 아니라 앞의 모음을 장음으로 만들어 주고 사라집니다.

gehen　　sehen　　Kuh

❑ 독일어의 모음

영어와 마찬가지로 독일어에도 다섯 개의 모음이 있습니다. a, e, i, o, u입니다. 앞으로 모음이라고 하면 이 다섯 개를 가리키는 것임을 알아두시기 바랍니다.

❑ ch ⇒ [x] 혹은 [ç]

모음 a, o, u + ch ⇒ [x]
그 외의 환경에서 ch가 나타날 때 ⇒ [ç]

Nacht	auch	doch
dich	nicht	ich

❑ 그 외 몇 가지 발음 규칙

tsch ⇒ [ʧ]	tschüs
pp ⇒ [p]	Appetit
z ⇒ [ts]	Herz
ei ⇒ [aI]	Mahlzeit
음절 끝의 d ⇒ [t]	Abend
ü ⇒ [y:]	Grüß

오늘 배운 발음 규칙들을 이용해서 다음의 발음들을 함께 해 보도록 할까요?

BMW　　Benz　　Weimar　　Bühler

6 Tipp

하루 중에 사용하는 인사말들을 보면서 한 가지 특이한 점을 발견했을 것입니다.

Guten Morgen!
Guten Tag!

Guten Abend!에 쓰인 형용사 gut과 Gute Nacht!에 쓰인 gut의 형태가 다르다는 것입니다. 사실 형용사가 어미 변화를 한다는 것 자체가 영어와는 다른, 생소한 모습입니다. 독일어에서는 형용사가 어미 변화를 합니다. 이 변화에 대해서는 나중에 다시 공부할 기회가 있으므로 여기에서는 guten이나 gute가 형용사 gut이 어미 변화를 한 것이라는 것만 말씀드리겠습니다.

퓌센에 있는 백조의 성. 바이에른의 왕 루드비히 2세가 지은 아름다운 성입니다.

제2강

Ich bin Anna

1 기본 대화와 표현

A : Guten Morgen!

B : Guten Tag!

A : Oh, ja, guten Tag!

B : Ich bin Anna Bergmann.

A : Sie sind Frau Bergmann.

B : Wer sind Sie?

A : Ich bin Tim Schumacher.

B : Sie sind Herr Schumacher.

A : Wer bin ich?

B : Sie sind Tim Schumacher und wer bin ich?

A : Sie sind Anna Bergmann.

B : Gut! Ich bin Anna Bergmann.

A : 좋은 아침!

B : 좋은 날이겠죠.

A : 아 네, 좋은 날!

B : 저는 안나 베르크만이라고 해요.

A : 당신이 베르크만 씨로군요.

B : 그쪽은 누구신지요?

A : 저는 팀 슈마허라고 합니다.

B : 당신이 슈마허 씨로군요.

A : 제가 누구라고요?
B : 팀 슈마허 씨이지요. 그러면 저는 누구죠?
A : 안나 베르크만 씨이지요.
B : 그래요! 저는 안나 베르크만입니다.

이 과에서는 '나는 누구입니다'라는 독일어 표현을 배웁니다. 사람의 이름에 대해 말하는 방법, 호칭과 간단한 동사를 배우게 되겠지요. 이와 함께 '당신은 누구입니까?'라는 표현도 함께 공부하겠습니다.

2 어휘

oh! ㉠ 오!
ja ㉡ 네
Sie ㉢ 이인칭 존칭 대명사 당신
sie ㉢ 그녀, 삼인칭 단수 대명사
bin ㉣ ~ 이다, 있다, sein 동사의 현재 일인칭 활용 형태
ist ㉣ sein 동사의 현재 삼인칭 단수 활용 형태
und ㉤ 그리고
sind ㉣ sein 동사의 존칭 활용 형태
gut ㉥ 좋은, 훌륭한, 선량한
ich ㉢ 나, 일인칭 대명사, 즉 영어의 'I'에 해당하는 대명사
wer ㉢ 누구, 영어의 who에 해당하는 의문사
die Frau 여자, 부인, 아내, 여성의 성 앞에 붙여 그 여성을 부르는 호칭
der Herr 남자, 남편, 신사, 남성의 성 앞에 붙여 그 남성을 부르는 호칭

3 한 걸음 더

A: Sie sind Herr Bond!
B: Ich bin James Bond.

A: Sind Sie Herr Bond?
B: Ja, ich bin James Bond.

A: Wer sind Sie?
B: Ich bin James Bond.

A: Ich bin Kafka.
B: Sie sind Herr Kafka.

A: Bin ich Kafka?
B: Ja, Sie sind Herr Kafka.

A: Wer bin ich?
B: Sie sind Herr Kafka, Franz Kafka.

A: Wer ist das?
B: Das ist Frau Lee, Frau So-young Lee.
A: Oh, sie ist Frau So-young Lee!

4 구조

❑ 인칭 대명사

ich는 '나는, 내가'로 해석되는, 독일어의 일인칭 단수 대명사입니다. sie는 삼인칭 단수 중, 여성을 나타내는 인칭 대명사입니다. 영어의 she에 해당합니다. Sie는 이인칭 존칭 대명사입니다. 해석은 '당신'으로 하는 것이 가장 무난하지만 우리말과 정확히 일대일 대응하는 것이 아니기 때문에 상황에 따라 적당히 변화시켜 해석하는 것이 중요합니다. 한 가지 중요한 것! 영어와 달리 독일어에서는 이 존칭의 이인칭 대명사를 항상 대문자로 시작합니다.

❑ Sie 혹은 du

영어와 달리 존칭이 있을 뿐 아니라 그 존칭을 항상 대문자로 쓴다는 점이 독일어의 매우 매력적이면서 고유한 특징입니다. 흔히 존댓말 혹은 존대법이라고 생각하기 쉬운데, 존칭은 우리말의 존댓말과는 전혀 다른 개념입니다. 상대에게 존칭을 쓰지 않을 때에는 인칭 대명사 du를 사용하는데, 이는 반말이 아닙니다. 친칭이라고 하지요. 말 그대로 친근한 사이에 쓰는 대명사인 것입니다. 그래서 부모님은 물론 조부모님에게도 친칭인 du를 사용해서 말합니다.

❑ 동사 sein

독일어의 동사 sein은 영어의 be 동사에 해당하는 동사입니다. Ich bin을 보고, 동사 원형인 sein과는 닮지도 않은 엄청난 동사 변화에 당황스러울 겁니다. 그러나 이런 과감한 변화는 sein 동사에 국한된 것이니 안심하셔도 됩니다. 공부할 때에는 대명사와 sein 동사를 함께 붙여서

ich bin
sie ist
Sie sind

이렇게 연습하면 쉽게 익힐 수 있습니다.

❑ Frau Lee · Herr Kim

Frau는 여성에게, Herr는 남성에게 사용하는 호칭입니다. 서로 Sie라 부르는, 예의를 갖추는 사이에서 상대의 성 앞에 붙여 상대를 부르게 됩니다. 영어의 Ms., Mr.에 해당하는 말입니다.

5 발음

❑ 음절 끝에 쓰이는 r

wer의 발음은 [veːɐ]입니다. 제1강에서 공부한 대로 w는 영어와 달리 [v] 발음이 납니다. 더 큰 문제는 r인데요, 이 철자는 음절 끝에 쓰이게 되면 [ɐ] 발음이 납니다.

wer　　　　Bier　　　　Uhr

❑ 음절 끝에 오는 d

앞서 제1강에서 음절 끝에 오는 g는 유성음이 아닌 무성음으로 소리난다는 것을 공부했습니다. 제2강에서는 음절 끝에 오는 d도 마찬가지라는 것을 공부하게 됩니다.

und　　　　sind　　　　Kind

이 세 단어의 끝에 오는 d는 모두 [d]가 아닌 [t]로 발음합니다. 이처럼 음절 끝에서 무성음으로 소리나는 자음이 하나 더 있습니다. 자음 b가 음절 끝에 쓰이면 역시 [b]가 아니라 무성음 [p]로 발음됩니다.

halb　　　　Dieb　　　　gelb

❑ j ⇒ [j]

영어의 j와 다른 발음이므로 특히 주의해야 합니다. 그러다 보니 독일어에서 사용하는 긍정의 대답인 ja가 마치 상대에게 반말을 하는 것처럼 들려서 좀 당황스러운 상황이 벌어질 수도 있습니다

ja　　　　Jena　　　　Jude

❑ ß

에스체트 혹은 샤프에스(뾰족한 에스)라고 읽습니다. 자음 ss와 같은 음가를 갖습니다. 다만 ss는 자음이 두 개 겹쳐진 형태인데 반해 ß는 하나의 자음이라는 차이만이 있습

니다. 특이하게 소문자만 있고 대문자는 없습니다. 다음 단어를 읽어 보세요.

Fuß　　　　　　　Fußball　　　　　　süß

6 Tipp

Frau와 Fräulein을 설명할 때 특이한 점이 눈에 띄일 것입니다. Fräulein의 형태가 Frau와 매우 닮았는데, 뒤에 –lein이 붙으면서 모음이 변화한 것이 보이지요? '–lein'은 소위 축소형 어미라 해서, 기존의 명사 뒤에 붙여 작고 귀여운 것을 나타내거나 단지 말을 좀 부드럽게 하기 위해 사용하는 어미입니다.

프라이부르크 대학 앞에서 학생들이 담소를 나누는 풍경입니다.

제3강

Was ist das?

1 기본 대화와 표현

A : Was ist das?
B : Das ist ein Tisch.
A : Ist das ein Tisch?
B : Ja, das ist ein Tisch.
A : Was ist das hier?
B : Das da ist ein Buch.
A : Was sind das?
B : Das sind CDs.
A : Was ist das?
B : Das ist eine Katze.
A : Und was ist das?
B : Das ist eine Uhr.
A : Was ist das hier?
B : Das ist auch eine Uhr.
A : Hier sind zwei Uhren.

A : 이게 뭐지?
B : 이건 테이블이야.
A : 이게 테이블이야?
B : 응, 그게 테이블이야.
A : 여기 이건 뭐지?
B : 그건 책이지.

A : 이것들은 뭔데?

B : 그것들은 컴팩트 디스크야.

A : 이건 뭐지?

B : 그건 고양이야.

A : 그리고 이건 뭐지?

B : 그건 시계야.

A : 여기 이거는 뭔데?

B : 그것도 시계야.

A : 여기엔 시계가 두 개 있군.

이 강에서는 눈에 보이는 범위 안에 있는 단수와 복수 대상들을 가리키며 무엇이냐고 묻고 또 대답하는 대화를 공부합니다. 여러 가지 명사를 익히게 되겠지요? 그리고 무엇보다도 부정관사를 처음으로 만나게 됩니다.

2 어휘

was ㊀ 무엇

der Tisch 테이블

da ㊂ 여기, 거기, 그때

das Buch 책

die Katze 고양이

die Uhr, die Uhren 시계

das ㊅ 그것, 이 사람, 그 사람

hier ㊂ 여기에

eine ㊄ 부정관사. 여성 1격과 4격에 쓰임

die CD, die CDs 컴팩트 디스크

und ㊆ 그리고

schön ㊇ 예쁜, 아름다운, ㊂ 매우

ein ㊄ 부정관사. 남성 1격과 중성 1격과 4격에 쓰임

danke ㊈ 고마워(동사 danken(감사하다)의 일인칭 현재 시제 활용 형태)

bitte ㊂ 제발, 부디(동사 bitten(부탁하다)의 일인칭 현재 시제 활용 형태)

ja ㊂ 응, 네. 상대의 물음이나 요청에 대한 긍정의 대답

3 한 걸음 더

Das ist	ein Tisch. ein Buch. eine Katze. eine Uhr.	A: Hier ist das Buch. B: Danke schön! A: Bitte schön!
Ist das	ein Tisch? ein Buch? eine Katze? eine Uhr?	A: Was ist das? B: Das ist eine Katze. A: Ist das eine Katze? B: Ja, das ist eine Katze.
Ja, das ist	ein Tisch. ein Buch. eine Katze. eine Uhr.	

4 구조

❑ 명사의 성

이 강에서는 새로운 단어들을 많이 배웁니다. 특히 눈에 띄는 것은 Tisch, Buch, Katze 등의 명사들입니다. 독일어의 명사들은 첫 철자를 대문자로 씁니다.
또 한 가지! 독일어의 명사는 성(性)을 가지고 있습니다. 남성, 중성, 여성이 명사의 성입니다. 그리고 명사의 복수 형태들에 쓰이는 관사가 다릅니다. 이 과에서는 부정관사가 처음 등장합니다. 대화에 보면 두 가지의 부정관사가 등장하는데요, eine는 여성 명사에, ein은 남성과 중성 명사에 사용하는 부정관사입니다.

❑ 의문문

제2강에서 ‚Wer ist das?‘가 이 사람은 누구입니까, 즉 영어의 Who is this?에 해당하는 문장이라는 것을 배웠습니다. 제3강에서는 ‚Was ist das?‘를 배웠습니다. 여기까지만 보면 영어의 의문문과 별 차이가 없는 것처럼 보이지만, 독일어의 의문문은 영어에 비해 훨씬 이해하기 쉽습니다.

먼저 의문사 없는 의문문은 동사와 주어를 도치해 주는 것만으로 간단하게 만들 수 있습니다.

Das ist ein Buch. 이 문장은 평서문입니다.

Ist das ein Buch? 이 문장은 위의 문장을 의문문으로 만든 것입니다. 물론 의문부호를 잊지 말아야겠지요.

의문사 있는 의문문도 매우 간단합니다. 의문사가 문장 맨 앞에 나온 다음 일반적인 의문문의 어순, 즉 동사 + 주어의 어순을 그대로 따르면 됩니다. 앞서 배운 의문문 두 가지를 다시 살펴볼까요?

Wer ist das?
Was ist das?

❏ 의문사

지금까지 wer와 was, 이렇게 두 개의 의문사를 배웠습니다. 이 외에도 '언제, 어디서, 왜, 어떻게'에 해당하는 의문사들이 남아 있습니다.

❏ auch

'또한, 역시'의 의미를 갖습니다. 영어의 too와 매우 비슷한 의미를 갖는다고 보아야겠지요.

Das ist auch eine Uhr.

이 문장은 영어로는 'This is a watch, too.'라고 옮길 수 있을 것입니다. 즉 영어에서 too는 항상 문장의 끝에 쓰이는 데에 반해 독일어 auch는 주로 수식하는 말이나 강조하는 말 앞에 쓰이는 경향이 있습니다.

❏ 대명사 das

대명사 das는 이것, 이 사람이라는 뜻입니다. 영어의 this와 쓰임이 유사하지만 몇 가지 다른 점도 있습니다. 우선 das는 여러 개의 대상, 즉 복수를 지시할 수 있습니다. 또한 das는 가까이 있는 사물이나 사람을 지시하는 외에, 앞에 나온 대상을 지시할 수도 있습니다. 즉 영어의 it과도 비슷한 쓰임이 있는 셈입니다.

❏ sein 동사

제2강과 제3강에서 대명사 das는 sein 동사의 변화형 ist와 함께 쓰이는 것을 보았습니다. das가 삼인칭 단수로 취급되기 때문입니다.
삼인칭 단수 인칭 대명사에는 sie(그녀는), er(그는), es(그것이) 이렇게 세 가지가 있습니다. 이 외에도 das와 같은 대명사 중 단수는 이 부류에 넣어서 함께 동사 변화를 합니다. 다시 한 번 정리하자면, 삼인칭 단수 현재형의 sein 동사는 ist입니다.

❑ 부정관사

앞서 설명한 것처럼 이 과에서는 두 개의 부정관사, 즉 ein과 eine를 공부합니다. ein은 남성과 중성 1격에, eine는 여성 1격에 사용합니다.

ein Tisch
eine Uhr
ein Buch

5 발음

❑ sch ⇒ [ʃ]

tsch 발음과 ch 발음은 이미 공부했습니다. 이 강에서 공부할 sch 발음은 사실 우리가 익히 잘 알고 있는 발음입니다. 영어의 sh와 같은 발음입니다.

Tisch　　Schule　　schon

❑ ö ⇒ [œ] [øː]

모음 O의 변모음(Umlaut)입니다. '오' 발음을 하기 위해 벌린 입 모양을 그대로 유지하고 변하지 않도록 주의하면서 '외' 발음을 한다고 생각하면 쉽게 발음할 수 있습니다. 독일어의 특징적인 발음 중 하나이면서 우리에게는 까다로운 발음이므로 반복해서 연습하고 익히기 바랍니다.

schön　　Öl　　Köln

6 Tipp

❑ 복수

대화 중에 eine Uhr가 앞서 나오고, zwei Uhren이 뒤에 나옵니다. 이미 눈치를 채셨겠지만, Uhren은 Uhr의 복수형입니다.

❑ Ja!

영어의 Yes와 같은 쓰임을 갖는 말입니다. 가장 흔하게는, 물음에 대해 긍정적인 대답을 하기 위한 용법으로 쓰입니다. 그런데 독일어에서는 긍정문으로 물어 보는가 부정문으로 물어 보는가에 따라 대답하는 방식이 달라집니다. 이에 대해서는 다음에 자세히 배우게 됩니다.

독일에는 도시에도 곳곳에 이런 풀밭이 펼쳐져 있어 하천이 범람할 때 완충 역할도 해 주고 양떼 방목에 쓰이기도 합니다.

제4강

Sie ist meine Mutter

1 기본 대화와 표현

A : Hallo, Sven!
B : Tag, Anna!
A : Was ist das?
B : Das ist mein Familienfoto.
A : Oh, ist das deine Familie?
B : Ja, das sind meine Eltern und Geschwister.
A : Wer ist das?
B : Das ist meine Mutter.
A : Oh, sie ist jung. Und der da ist dein Vater?
B : Ja, er ist mein Vater.
A : Sind das deine Geschwister?
B : Ja, er ist mein Bruder und sie ist meine Schwester.
A : Hier ist auch ein Hund!
B : Ja, er heißt Maxel.

A: 안녕, 스벤!
B: 안녕, 안나!
A: 그게 뭐야?
B: 이건 내 가족 사진이야.
A: 오, 너의 가족이라고?
B: 응, 이 사람들이 내 가족이다.

A: 이 사람은 누구야?

B: 그 사람이 우리 어머니야.

A: 오, 어머니가 젊으시구나. 그리고 여기 이 분이 너의 아버지이시니?

B: 응, 그 분이 우리 아버지야.

A: 이 사람들은 네 형제자매인가?

B: 응, 그 남자가 내 남동생이고 그 여자가 내 누나야.

A: 여기 개도 있네!

B: 응, 그 개 이름은 막셀이라고 해.

이 강에서는 가족과 관련된 표현을 배웁니다. 위의 대화는 다른 사람의 가족 사진을 보고 사람들을 가리키면서 그들과의 관계를 묻는 상황을 보여 줍니다. 가족에 대한 호칭, 복수의 개념, 지시어를 사용하여 묻고 대답하는 것을 익히도록 합니다. '한 걸음 더'에서는 위에 나오지 않은 가족 명칭도 공부합니다.

2 어휘

dein ㊐ du의 소유 대명사

der Vater 아버지

jung ㊒ 젊은

die Großmutter 할머니

die Enkelin 손녀딸

der Vetter 사촌

die Mutter 어머니

der Hund 개

heißen ㊍ 이름이 ~ 이다, ~ 라고 불리우다

der Großvater 할아버지

der Enkelsohn 손자

der Name 이름, 명칭

mein ㊐ ich의 소유 대명사, meine는 mein의 어미 변화 형태

die Eltern 부모, 양친(항상 복수로 쓰임)

die Geschwister 형제자매, 남녀 형제의 통칭(항상 복수로 쓰임)

der Bruder 남자 형제(손위와 손아래를 통칭)

die Schwester 여자 형제(손위와 손아래를 통칭)

das Familienfoto 가족 사진(die Familie+das Foto)

die Tante 아주머니(이모, 숙모, 고모 등의 총칭)

der Onkel 아저씨(외삼촌, 친삼촌, 이모부, 고모부 등의 총칭)

3 한 걸음 더

A: Guten Tag!
B: Tag!

A: Morgen!
B: Guten Morgen!

A: Guten Abend!
B: N'Abend!

Das ist meine Großmutter.
meine Tante.
mein Großvater.
mein Onkel.
meine Enkelin.
mein Enkelsohn.
mein Vetter.

☞ Guten Tag!, Guten Morgen! 등은 친한 사이에서는 줄여서 Tag!, Morgen!이라 말할 수 있습니다. Auf Wiedersehen!도 줄여서 Wiedersehen!이라 합니다. N'Abend!는 Guten Abend!를 빨리 발음하는 말로, 친근한 사이에서 하는 저녁 인사말입니다.

지금까지 배운 표현을 이용해서 본문과 다른 대화를 연습해 보겠습니다.

A: Wie heißen Sie?
B: Ich heiße Sven Müller.
Ich bin Sven Müller.
Mein Name ist Sven Müller.

4 구조

❑ 의문사 was

제2강에서 의문사 wer에 대해 배웠습니다. 이 강에서 나오는 의문사 was는 '무엇이, 무엇을'의 의미를 가지고 있습니다. wer가 사람을 지시하는 의문사인 반면 was는 사물을 지시하는 것이라 할 수 있겠습니다. 영어의 what과 비슷한 쓰임을 가졌습니다.

❑ 대명사 das

이것, 이 사람이라는 의미를 가진 대명사 das는 앞서 말한 것처럼 영어의 this와 비슷한 쓰임을 가졌으나 똑같지는 않습니다. 다음 문장을 보겠습니다.

Das sind meine Eltern und meine Geschwister.

이 문장에서 주어는 das인데 동사는 복수 주어와 함께 쓰이는 sind가 쓰였습니다. 즉 영어와 달리 독일어의 대명사 das는 단수와 복수를 다 받을 수 있으며 영어와 마찬가지로 사람과 사물에 두루 쓰입니다.

❑ hier

'여기에'로 해석되는 부사입니다. 영어의 here와 쓰임이 비슷합니다.

Hier ist auch ein Hund!

예문에서처럼 Hier가 문장 맨 앞에 쓰일 경우 그 뒤에는 동사가, 그리고 그 뒤에 다시 주어가 나오는 도치 어순이 됩니다. 독일어의 도치문은 의외로 매우 쉽습니다. 주어 이외의 문장 성분이 강조되어 앞으로 나가면 무조건 도치가 일어납니다. 이때 동사는 항상 문장에서 두 번째 자리를 고수합니다.

❑ 접속사 und

아래 예문에 쓰인 und는 '그리고'의 의미를 갖는, 영어의 and와 비슷한 접속사입니다.

Ja, das sind meine Eltern und Geschwister.

❑ 인칭 대명사

이번 과에서 여러 개의 인칭 대명사를 추가로 배웠습니다. 아직 못 배운 인칭 대명사를 함께 공부하면서 정리해 보도록 할까요? 참고로 지금까지 배운 인칭 대명사는 모두 주격에 한합니다.

일인칭 (나는) ich
이인칭 (너는) du
삼인칭 (그는) er
(그녀는) sie

❑ 소유 대명사

예문에 나타나는 mein, meine는 '나의'라는 뜻입니다. 독일어에서는 이것을 소유 대명사라 부릅니다. 영어 문법에서는 소유격이라고 부르지요. 주의해서 구분하기 바랍니다. 또 한 가지! 독일어의 소유 대명사는 어미 변화를 합니다. 이에 대해서는 뒤에 다시 자세히 배울 기회가 있습니다만, 일단은 소유 대명사는 부정관사처럼 변화한다고 기억하고 있으면 됩니다.

5 발음

❑ v

대화 중에 나온 남자 이름 Sven의 철자 v에 대한 일반적인 독일어 발음은 [f]입니다. 그러나 앞서 보셨듯이 이 이름에서는 [v]로 발음됩니다. 이처럼 사람의 이름 등의 고유명사나 외래어는 어원이 다르기 때문에 다르게 발음될 수 있습니다. 특히 v는 [v] 발음을 갖는 경우가 종종 있습니다.

Sven   Klavier   Vase

❑ ß

동사 heißen에 포함된 철자 ß은 ss와 같이 발음됩니다. 철자 s + 모음인 경우 s가 [z]로 발음되지만 ß는 ss와 같기 때문에 ß + 모음인 경우 [s]로 발음됩니다.

groß   Straße   grüßen

6 Tipp

대화 중에 „Er heißt Maxel."이라는 말이 나옵니다. 앞에서 배운 것처럼 그는 '막셀이라고 불리웁니다'라고 해석되는 문장입니다. 문제는 여기서 등장하는 동사의 형태입니다. 이 동사의 부정형, 즉 원형은 heißen입니다. heißt는 이 동사가 시제와 인칭에 따라 활용한 형태입니다. 동사의 어미 변화에 대해서는 뒤에 다시 공부하게 됩니다.

❑ ja · nein

무언가 묻거나 부탁, 명령을 할 때 '네'라는 대답에 해당하는 것이 'Ja'입니다. 아니라고 대답하는 말도 함께 배워야 하겠지요? 부정의 대답, 즉 ja의 반대말은 nein입니다. 부정의 대답을 하기 위해서는 부정어를 사용해야 합니다. 이에 대해서는 후에 다시 공부하겠습니다.

제5강

Wie heißen Sie?

1 기본 대화와 표현

A : Guten Tag! Mein Name ist So-young Lee.
Wie heißen Sie?
B : Guten Tag! Ich heiße Sven Neumann.
A : Sven, woher kommen Sie?
B : Ich komme aus Deutschland, aus Berlin.
A : Ach so, aus Berlin!
B : Und woher kommen Sie?
A : Ich komme aus Korea, Südkorea.
B : Ah, Sie sind Koreanerin.
A : Ja, und Sie sind Deutscher.
B : Richtig! Wohin gehen Sie jetzt?
A : Ich gehe jetzt nach Hause.
B : Auf Wiedersehen!
A : Auf Wiedersehen!

A: 안녕하세요, 제 이름은 이소영입니다. 당신은 성함이 어떻게 되세요?
B: 안녕하세요! 저는 스벤 노이만입니다.
A: 스벤, 당신은 어디서 오셨나요?
B: 독일에서 왔어요, 베를린이요.
A: 아! 베를린이요.
B: 그리고 당신은 어디 출신인가요?
A: 한국이요, 대한민국 출신이죠.

B: 아, 당신은 한국인이군요.
A: 네, 그리고 당신은 독일인이고요.
B: 맞아요. 지금 어디 가세요?
A: 저는 지금 집으로 가고 있어요.
B: 안녕히 가세요.
A: 안녕히 가세요.

앞에서 이름과 가족 관계 등을 표현하는 법을 배웠습니다. 이 강에서는 자신이 어느 나라 사람인지, 어느 도시에서 왔는지 등을 표현하는 방법과 함께 지금 어디로 가고 있는지를 묻고 대답하는 표현을 배웁니다.

2 어휘

woher ㊄ 어디에서
wohin ㊄ 어디로
nach ㊅ ~ 로, ~ 방향으로
gehen ㊇ 가다
richtig ㊆ 올바른, 맞는
Deutscher 독일 남자
die Koreanerin 한국 여자
Koreaner 한국 남자
jetzt ㊄ 지금
das Haus 집
nach Hause 집으로
aus ㊅ ~ 로부터, ~ 출신의(aus ~ kommen, aus ~ sein: ~ 출신이다, ~ 에서 왔다)
kommen ㊇ 오다(때로는 가다로 해석하게 될 수도 있습니다)

Wissen Sie? 아세요? 그거 아세요? 있잖아요

3 한 걸음 더

A: Wie heißen Sie?
B: Ich heiße Thorsten Meyer.
A: Ist Ihr Name Thorsten Meyer?
B: Richtig! Das ist mein Name.

A: Wohin gehen Sie?
B: Ich gehe nach Hause. Und wo gehen Sie hin?
A: Ich gehe auch nach Hause.

☞ wohin은 위의 문장에서처럼 떨어뜨려 쓸 수도 있습니다.

A: Theo, bist du aus Deutschland?

B: Ja, ich bin Deutscher.

A: Ist Klara auch Deutsche?

B: Richtig! Sie ist aus München.

4 구조

❑ 동사의 현재 인칭 변화

heißen, kommen, gehen 등은 현재 인칭에서 일정한 규칙에 따라 어미 변화를 하는 동사들입니다. 일인칭에서는 동사의 어간에 어미 –e이, 존칭에서는 –en이 붙습니다. 독일어의 모든 동사는 –n 혹은 –en으로 끝납니다. 이 부분을 동사의 어미라고 합니다. 그리고 나머지 부분을 어간이라고 합니다. 위의 동사의 어간과 어미는 따라서 다음과 같습니다.

heiß	–en
komm	–en
geh	–en

동사는 인칭에 따라 변화하게 되는데 이때 변화하는 것은 어미 부분입니다. 이 강에서는 현재 인칭 변화 중 일인칭과 존칭에 대한 것만을 우선 배웁니다. 앞서 설명한 대로 일인칭의 활용 어미는 –e, 존칭의 활용 어미는 –en입니다.

A: Wie heißen Sie?

B: Ich heiße Lee.

A: Woher kommen Sie?

B: Ich komme aus Pusan.

A: Wohin gehen Sie?

B: Ich gehe nach Hause.

❑ 신분이나 직업 등을 나타내는 보어

'나는 독일인이다'라는 의미의 „Ich bin Deutscher."라는 문장을 잘 살펴보면 영어와는 다른, 독일어만의 독특한 관사의 쓰임이 보일 것입니다. 영어라면 "I am a German."이라고 말했을 것입니다. 독일어에서는 위의 예문에서처럼 신분이나 직업 등을 나타내는 말이 보어로 사용될 때 관사를 쓰지 않습니다. 다음 예문도 마찬가지입니다.

Sie sind Koreaner.

❑ aus · nach

'~로부터/~로'의 의미를 갖는 전치사입니다. 독일어의 전치사는 저마다 명사의 특수한 형태를 동반하는 특징이 있습니다. 이에 대해서는 앞으로 여러 번에 걸쳐 공부하게 됩니다.

Ich komme aus Korea.
Gehen Sie nach Hause?

5 발음

❑ woher · wohin

이 단어들을 지금까지 배운 발음 규칙에 따라 읽으면 h가 묵음이 되어야 할 것입니다. 그러나 이 단어들은 의문사 wo(어디에) + her/hin의 형태로 만들어진 단어들입니다. 그래서 읽을 때에도 두 단어를 따로따로 읽어 주는 느낌으로 발음하기 때문에 h가 묵음이 되지 않습니다.

woher wohin daher dahin

❑ –ig

richtig의 어미 –ig는 [ik]가 아니라 [iç]로 발음됩니다. 다음의 단어들을 발음해 보세요.

König billig ledig fleißig

6 Tipp

'~이다, ~이 있다'의 의미를 갖는, 즉 영어의 be 동사에 해당하는 독일어 동사는 sein입니다. 매우 중요하고 자주 쓰이는 동사임에도 불구하고 여러분은 제5강까지 배우는 동안 sein이라는 동사 형태를 보지 못했습니다. 그것은 영어의 be와 마찬가지로, sein도 원형으로는 잘 쓰이지 않기 때문입니다. 이미 앞에서 배운 몇 가지 변화형은 다음과 같습니다.

ich bin das ist Sie sind

이 강에서는 여기에 덧붙여

du bist 형태를 보았습니다.

이로서 단수 일, 이, 삼인칭 대명사와 그에 대한 sein 동사의 변화형은 다 배웠습니다. 덧붙여 존칭에서의 동사 변화도 함께 공부했습니다. 다행히도 복수에서의 동사 변화는 단수보다는 단순합니다. 앞으로 복수에서의 동사 변화에 대해서 마저 공부하게 됩니다.

프랑크푸르트의 구 오페라 극장입니다.

제6강

Ich komme aus Korea

1 기본 대화와 표현

A : Hallo, So-young!
B : Hi, Sven! Wie geht's?
A : Mir geht's gut, danke! Und dir?
B : Auch gut! Danke!
A : So-young, das ist Jens, mein Freund.
B : Guten Tag! Mein Name ist So-young Lee.
C : Guten Tag! Ich heiße Jens, Jens Bergmann.
B : Jens, kommst du auch aus Deutschland?
C : Nein, ich komme nicht aus Deutschland.
A : Er kommt aus Österreich.
B : Ach so! Wo wohnst du in Seoul?
C : Ich wohne zur Zeit bei Theo, in Shillim-Dong.

A: 안녕, 소영!
B: 안녕, 스벤! 어떻게 지내?
A: 잘 지내, 고마워. 넌?
B: 나도 잘 지내, 고마워!
A: 소영, 이 사람은 옌스야, 내 친구.
B: 안녕! 내 이름은 이소영이야.
C: 안녕! 나는 옌스라고 해, 옌스 베르크만.
B: 옌스, 너도 독일에서 왔니?
C: 아니, 난 독일 출신이 아니야.

A: 그는 오스트리아에서 왔어.
B: 아 그렇구나! 서울에선 어디 살아?
C: 난 지금은 테오네서 살아, 신림동.

이번 강에서는 지금까지 나온 인사말들을 총동원해서 복습하고, 더 나아가 어느 도시, 혹은 어느 나라 출신인지를 묻고 대답하기, 그리고 지금 사는 곳을 묻고 대답하는 방식을 배우게 됩니다. 장소와 관련된 표현을 익히기 위해서는 제5강에서 배운 전치사를 복습하고 또 다른 전치사를 공부합니다. 한편 지금까지 나온 동사들을 복습하면서 이들이 인칭에 따라 어떠한 어미 변화를 하는지 공부합니다.

2 어휘

geht's geht es의 축약형
Ach so! 아, 그래
der Freund (남자)친구
Österreich 오스트리아
wohnen ⓢ 살다, 거주하다
in ⓟ ~ 안에, ~ 안으로
zur Zeit 지금은, 현재는
wie ⓑ 어떻게
ach ⓘ 아
er ⓓ 그는
kommen ⓢ 오다
jetzt ⓑ 이제, 지금
bei ⓟ ~ 옆에, ~ 에게서

3 한 걸음 더

☞ 인칭 대명사와 그에 따른 동사 활용을 이용한 다양한 표현을 공부합니다. 그러므로 제 6강에서는 '구조'를 먼저 공부하고 '한 걸음 더'를 공부할 것을 권합니다.

본문에 나왔던 표현을 이용해서 본문과 조금 다른 상황에서 주고받는 대화를 공부해 보겠습니다.

A: Woher kommt ihr?
B: Wir kommen aus Japan.

A: Seid ihr Japaner?
B: Nein, wir sind Koreaner.

A: Woher kommst du?
B: Ich komme aus Korea.
A: Bist du Koreanerin?
B: Ja, ich bin Koreanerin.

A: Woher kommt er?

B: Er kommt aus China.

A: Wie heißt er?

B: Er heißt Hong.

A: Wo wohnt er jetzt?

B: Zur Zeit wohnt er bei mir.

A: Woher kommen sie?

B: Sie sind aus Deutschland.

A: Wo wohnen sie?

B: Sie wohnen jetzt in Seoul.

4 구조

❑ 의문사가 없는 의문문에 대한 대답 – ja · nein

의문문은 크게 의문사가 있는 것과 없는 것으로 나눌 수 있습니다. 각각에 따라 대답하는 방식도 다릅니다. 의문사가 없는 의문문은 ja 혹은 nein으로 대답할 수 있습니다. 앞에서 긍정적인 대답 ja는 이미 배웠습니다. 이 강에서는 아니오, 즉 nein으로 답하는 대화를 익힙니다.

❑ 부정문 · 부정어

Nein으로 대답하게 되면 뒤에 따라오는 문장도 부정문이 되는 것이 일반적입니다. 예문을 보면

Nein, ich komme nicht aus Deutschland.

라고 말하고 있지요. 여기에서 nicht가 부정문을 만드는 부정어입니다. 영어의 not과 유사하다고 할 수 있겠지요. 그러나 독일어의 nicht는 영어와 달리 동사와 결합해서 쓰이지 않고 독자적으로 돌아다니면서 자신이 부정하고자 하는 말 앞에 쓰입니다. 위의 문장에서는 '독일에서 온 것이' 아니라고 부정하고 싶었으므로 aus Deutschland 앞에 쓰였습니다.

❑ Wie geht es dir?

,Wie geht es dir?'는 독일어에서 가장 많이 쓰는 인사말입니다. 독일어 회화를 하려면 꼭 알아야 하는 말이지만 사실 문법적으로는 그다지 쉬운 표현이 아니라서 이 강에서 소개하게 되었습니다. 이 문장은 간단히 말해서 '(그것이 혹은 상황이) 네게 어떻게 가고 있니?'라는 의미입니다. 우리 식 표현으로는 '너 어떻게 지내니?'로 해석할 수 있습니다.

❑ 인칭 대명사

이인칭 인칭 대명사 du의 여격이 나왔으니 다른 인칭 대명사도 함께 정리하면서 여격을 공부하겠습니다. 인칭 대명사는 먼저 단수로는 ich(나는), du(너는), er(그는), es(그것은), sie(그녀는), 복수로는 wir(우리는), ihr(너희는), sie(그들은) 그리고 단수와 복수가 동일한 존칭으로는 Sie(당신(들)은)가 있습니다.

수	인칭	대명사 1격 (주격)	대명사 3격 (여격)
단수	일인칭	ich 나는	mir 나에게
	이인칭	du 너는	dir 너에게
	삼인칭	er 그는	ihm 그에게
		sie 그녀는	ihr 그녀에게
		es 그것은	ihm 그것에게
복수	일인칭	wir 우리는	uns 우리에게
	이인칭	ihr 너희는	euch 너희에게
	삼인칭	sie 그들은	ihnen 그들에게
존칭	단수 · 복수 동형	Sie 당신(들)은	Ihnen 당신(들)에게

❑ auch

'또한, 역시'의 의미로 해석되는 부사입니다. 의미만으로 본다면 영어의 too와 흡사하게 보입니다. 그러나 그 쓰이는 위치가 판이하게 다릅니다. auch는 too와 달리 문장 안에서 거의 위치 제한 없이 쓰일 수 있습니다. 강조하고자 하는 단어나 구와 절 앞에 씁니다.

❑ 전치사 aus · nach

장소나 방향을 나타내기 위해서 우리말에서는 조사를 사용하지만 독일어에서는 전치사가 그 역할을 합니다. aus, nach, in은 다음 예문에서 각각 '~ 로부터, ~ 쪽으로, ~ 안에'의 용법으로 쓰였습니다.

Nein, ich komme nicht aus Deutschland.
Ich gehe jetzt nach Hause.
Wo wohnst du in Seoul?

이들은 명사 앞에 쓰이기 때문에 전치사이며 자신의 뒤에 오는 명사가 특정한 격을 가질 것을 요구합니다. 여기에 쓰인 전치사들은 모두 3격과 함께 쓰였다는 것만 기억하기 바랍니다.

❏ 동사의 현재 인칭 변화

앞에서 단수 인칭 대명사에 대해 공부했습니다. 그리고 몇몇 인칭 대명사에 대해서는 어떤 동사 활용 어미가 사용되는지도 예문을 통해서 보았습니다. 다음은 그 예들을 포함해서 동사 어미의 변화를 정리한 표입니다.

수	인칭	대명사	동사 활용 어미	예
단수	일인칭	ich	−e	komme
	이인칭	du	−st	kommst
	삼인칭	er	−t	kommt
		es		
		sie		
복수	일인칭	wir	−en	kommen
	이인칭	ihr	−t	kommt
	삼인칭	sie	−en	kommen
존칭	단수·복수 동형	Sie	−en	kommen

이 규칙을 잘 익히면 다음과 같은 문장의 쓰임이 쉽게 이해될 것입니다.

Er wohnt nicht in Seoul.
Wohnt ihr in Deutschland?
Wir wohnen in Österreich.
Er kommt aus Japan.

5 발음

Wie geht's?를 보겠습니다. Wie 의 w는 [v]로, 모음 ie는 [i:]로 발음된다는 것은 앞에서 이미 공부했습니다. geht's[ge:ts]로 발음합니다. 철자 ts와 tz는 [ts]로 발음됩니다. 강의를 잘 듣고 따라해 보기 바랍니다. 모음 ie와 ei의 발음을 복습하는 의미에서 다음의 단어를 읽어 보기 바랍니다.

nichts	Katze	Satz
wiedersehen	Einstein	sieben

6 Tipp

❑ 동사의 어미 변화

동사는 현재 시제에서 인칭에 따라 어미 변화를 합니다. 앞에서 sein 동사의 현재 인칭 변화 중 일부를 공부했습니다만 모든 동사가 sein 동사처럼 변화무쌍하다면 그 언어를 배우고 익히는 것은 거의 불가능한 일일 것입니다. 다행히도, 그리고 당연하게도 동사 변화에는 일정한 규칙이 있습니다. 이 규칙에 대해서는 다음 장에서 공부합니다.

❑ Ihr seid Japaner

이 문장에 쓰인 동사 seid는 sein동사의 한 활용 형태입니다. 복수 2격의 대명사인 ihr에 대한 활용형입니다. 10강에서 다시 자세히 공부하게 됩니다.

오스트리아 빈의 풍경입니다.

제7강

Auf Wiederhören!

1 기본 대화와 표현

A: Ja, hallo!

B: Guten Tag, hier ist Yumi!

A: Tag, Yumi! Wie geht's?

B: Gut, danke! Und dir?

A: Auch gut, danke!

B: Vielen Dank für deine E-mail. Leider helfe ich dir nicht.

A: Warum?

B: Ich koche nicht so gut.

A: Ach, das macht nichts.

B: Am Samstag habe ich sowieso keine Zeit.

A: Schade. Dann kommst du nächstes Mal.

B: Danke, das mache ich!

A: Tschüs!

B: Tschüs!

A: 네, 여보세요!

B: 안녕, 나 유미야.

A: 안녕, 유미. 어떻게 지내?

B: 잘 지내, 고마워. 넌?

A: 나도 잘 지내. 고마워.

B: 이 메일 잘 받았어. 미안하지만 난 너를 도와 줄 수가 없어.

A: 왜?

B: 난 요리를 그리 잘하지 못해.
A: 이런, 그건 아무 상관 없어.
B: 토요일엔 난 어차피 시간이 없어.
A: 유감이네. 그럼 넌 다음에 와.
B: 고마워. 그렇게 할게.
A: 안녕!
B: 안녕!

이 강에서는 지금까지 여러분이 공부한 독일어로 충분히 의사 소통을 할 수 있는 상황을 설정해서 가장 기본적인 전화 대화를 익힐 수 있도록 했습니다. 전화 대화에서는 위의 예문에서 볼 수 있듯이 인사말, 자신을 알리는 말 등이 얼굴을 맞대고 하는 대화와 다릅니다.

2 어휘

hier ㊫ 여기에, 여기에서
Vielen Dank! 대단히 감사합니다!
leider ㊫ 유감스럽게도, 미안하게도
die Hilfe 도움(동사 helfen의 명사형)
kochen ㊀ 요리하다
machen ㊀ 만들다, 행하다, 하다
der Samstag 토요일
sowieso ㊫ 어차피
die Zeit 시간
Schade! 이런! 유감이군! 아쉽네요!
nächst ㊮ 다음의(형용사 nah의 최상급 형태)
nächstes Mal 다음번에
wiederhören ㊀ 다시 듣다
morgen ㊫ 내일
für ㊫ ~ 을 위해, ~ 을 대신해서(4격 지배 전치사)
nichts ㊎ 아무것도 아닌 것(영어의 nothing과 유사)
viel ㊮ 많은
die E-mail 이메일
helfen ㊀ 돕다(3격 지배 동사)
warum ㊫ 왜
so ㊫ 그래서, 그렇게
am an+dem
am Samstag 토요일에
kein nicht+ein
der Schaden 손해, 손실
dann ㊫ 그러면, 그러고 나서
das Mal 횟수, 번
auf ㊥ ~ 위에, ~ 위로(3·4격 지배 전치사)
der Brief 편지
Auf Wiederhören! 또 통화하자! 안녕!

3 한 걸음 더

Vielen Dank für deine E-mail.
Vielen Dank für deinen Brief.
Vielen Dank für deine Hilfe.

☞ '~에 대해서 감사한다, 고맙다'는 표현입니다. für는 4격 지배 전치사이므로 뒤에 나오는 명사구가 4격으로 쓰입니다. 소유 대명사 dein은 마치 부정관사처럼 어미 변화를 한다는 사실을 다시 한 번 상기하기 바랍니다.

Leider helfe ich dir nicht.
Leider kommt es nicht.
Leider macht sie das nicht.

Dann kommst du nächstes Mal.
Dann machst du das morgen.
Dann gehe ich nach Hause.

A: Warum?
B: Ich koche nicht so gut.
A: Ach, das macht nichts.

A: Warum?
B: Ich komme heute nicht.
A: Ach, das macht nichts.

A: Warum?
B: Er ist nicht so gut.
A: Das macht nichts.

A: Auf Wiedersehen!
B: Auf Wiedersehen!

A: Auf Wiederhören!
B: Auf Wiederhören!

☞ 전화를 끊을 때 나누는 인사말입니다. 본문에서는 Tschüs라고 했는데, 이는 서로 가까운 사이에서 하는 말이고, 그렇지 않은 경우 Auf Wiederhören!이라고 말하고 끊습니다.

4 구조

❑ 전치사 für

für는 전치사로서 ' ~ 을 위하여, ~ 을 대신해서' 등 다양한 의미가 있습니다. 영어의 전치사 for와 유사하게 쓰입니다. 이 전치사는 뒤에 4격 명사구가 올 것을 요구하는 4격 지배 전치사입니다. für deine E-Mail을 보면 명사가 4격으로 쓰인 것을 알 수 있습니다.

❑ 전치사 + 관사의 형태

am은 전치사 an과 관사 dem이 결합한 형태입니다. 떨어뜨려서 써도 되지만 축약형이 있다면 축약형을 써 주는 것이 좋습니다.

❑ 격(Kasus)

앞에서 인칭 대명사의 1격과 3격에 대해서 공부했습니다. 인칭 대명사에는 이 외에도 2격과 4격이 있습니다. 2격은 독일어에서 점점 드물게 사용되는 격입니다. 이에 대해서는 다시 공부할 기회가 있을 것입니다. 인칭 대명사의 4격은 다음과 같습니다. 목적격에 해당하는 것이라고 생각하면 쉽게 이해할 수 있을 것입니다.

1격	4격	1격	4격	1격	4격
ich	mich	wir	uns		
du	dich	ihr	euch	Sie	Sie
er	ihn				
es	es	sie	sie		
sie	sie				

❑ 동사의 목적어

Wie geht es dir?라는 인사말을 배울 때에 3격에 대해서 배웠습니다. 이번 강에서는 각 인칭 대명사의 3격의 또 다른 쓰임을 공부합니다. 다음 문장에서는 인칭 대명사 du의 3격인 dir가 쓰였습니다. 동사 helfen이 3격을 필요로 하기 때문입니다.

Leider helfen sie dir nicht.

동사가 일정한 격을 필요로 하는 것을 동사의 격 지배라고 합니다. 어떤 동사는 4격을 필요로 하고 어떤 동사는 3격을 필요로 합니다. 그리고 드물지만 어떤 동사는 2격을 필요로 합니다.

Das macht nichts.

이 문장의 동사인 machen은 4격 목적어를 필요로 하고 nichts가 4격 목적어로 쓰였습니다. 다음의 예문들을 보면서 3격과 4격의 쓰임을 익히기 바랍니다.

Ich helfe dir.
Wir helfen euch.
Ich liebe ihn.
Er liebt mich.

❏ 이 강에서는 helfen, machen, kochen 등 다양한 동사들이 새로 등장했고 또 이 동사들이 인칭에 따라 어미 변화를 하는 것도 볼 수 있었습니다. 이 강에서 나온 어미 변화를 정리해 보면 다음과 같습니다.

인칭	어미	helfen	machen	kochen
ich	−e	helfe	mache	koche
Sie	−en	helfen	machen	kochen

5 발음

❏ 중복된 자음

hallo의 발음은 [halo]입니다. 두 개의 자음이 겹쳐 등장할 때의 발음은 그 자음이 단독으로 나올 때와 다르지 않습니다.

hallo　　　Zimmer　　　Butter

❏ chs

nächst의 발음은 [nɛkst]입니다. 자음 chs가 함께 나오면 그 발음은 [ks]가 됩니다. 다음의 단어들을 발음해 보기 바랍니다.

sechs　　　wachsen　　　Wachstum

6 Tipp

❏ kein

다음 문장을 보면 좀 특이한 단어를 볼 수 있습니다.

Am Samstag habe ich sowieso keine Zeit.

문장 중의 keine는 마치 부정관사 eine 앞에 k가 덧붙여진 것과 같이 보입니다. kein은 부정사 nicht와 부정관사가 합해진 것과 같은 의미를 갖고, 부정관사처럼 변화합니다. 이에 대해서는 다음에 자세히 다루겠습니다.

❏ 부사로 쓰이는 4격 명사구

예문에 쓰인 nächstes Mal은 '다음번에'라는 의미의 부사로 쓰였습니다. 이 명사구는 4격의 형태이면서 부사의 의미를 갖고 있습니다. 독일어에서는 이처럼 부사적 용법으로 4격 명사구를 쓰는 용법이 있습니다.

본(Bonn) 시내입니다. 학생들과 시민들이 여가를 즐기고 있는 모습입니다.

제8강

Eine Lieferung

1 기본 대화와 표현

A: Grüß Gott! Ist da jemand?

B: Ja, was wünschen Sie?

A: Ich habe eine Lieferung für Frau Bergmann.

B: Eine Lieferung für mich? Aber ich habe nichts bestellt. Was ist denn das?

A: Das weiß ich auch nicht.

B: Tja, das ist vielleicht für meine Mutter, aber sie ist nicht da.

A: Kein Problem. Ich brauche eine Unterschrift von Ihnen.

B: O.K., das mache ich.

A: Hier bitte!

A: 안녕하세요! 거기 누구 계십니까?

B: 네, 어떻게 오셨습니까?

A: 베르크만 부인 앞으로 배달물이 있는데요.

B: 나한테 배달물이요? 하지만 난 아무것도 주문하지 않았는데. 그게 도대체 뭐죠?

A: 그건 저도 모릅니다.

B: 그건 아마 우리 어머니에게 온 걸 거예요, 하지만 엄마 지금 안 계신데.

A: 괜찮습니다. 당신이 서명해 주시면 됩니다.

B: 네, 그렇게 할게요.

A: 여기 있습니다!

이 강에서는 다른 사람을 대신해서 우편 배달물을 받는 상황을 보겠습니다. 누구에게

온 것인지를 추측하고 확인하는 대화, 다른 사람이 자리에 없는 상황을 설명하는 표현, 그리고 그 사람을 대신해서 우편물을 받는 표현 등을 공부합니다.

2 어휘

da ㊇ 여기에, 거기에
wünschen ㊍ 소망하다, 바라다
aber ㊌ 그러나
wissen ㊍ 알다
vielleicht ㊇ 아마도
brauchen ㊍ 필요로 하다
die Unterschrift 서명
bitte ㊇ 부디, 제발, 좀
wieder ㊇ 다시, 재차
jemand ㊐ 누구, 누군가
die Lieferung 배달, 배달물
denn ㊇ 도대체
tja ㊎ 어쩌지, 이것 참
das Problem 문제
Kein Problem 문제 없다, 상관 없다, 괜찮다
von ㊒ ~ 의(3격 지배 전치사)
nur 단지, 오직

❑ Tja

대화 중에 나왔던 tja는 감탄사입니다. 우리말의 '이것 참, 흠, 어쩐다' 등에 해당하는, 딱히 한 가지로 해석하기는 좀 어려운 말입니다. 화제를 돌리거나 숨을 돌릴 때 하는 말이기도 합니다.

❑ bitte

부탁하거나 물어 볼 때, 요청을 하는 상황에서 좀 더 부드럽고 예의 바르게 표현하는 수단으로 쓰입니다. 이 단어가 들어갔느냐 아니냐에 따라서 예의 바르고 공손한 표현이 되기도 하고 예의에 어긋나는 표현이 되기도 합니다. 영어의 please와 비슷하지요.

3 한 걸음 더

❑ eine Lieferung für sie

'~ 를 위한, ~ 에게 온 배달물'이라는 표현입니다. 여기에서 für는 4격을 지배하는 전치사입니다. 나에게 온 배달물이 있느냐는 의문문도 같은 유형으로 표현할 수 있습니다.

Ich habe eine Lieferung für Frau Bergmann.

Ich habe eine Lieferung für sie.

Haben Sie eine Lieferung für Frau Bergmann?
Haben Sie eine Lieferung für mich?

❑ Das weiß ich auch nicht

'그건 나도 모릅니다'와 '나도 그것을 모릅니다'라는 표현은 무엇에 중점을 두고 있는가 하는 면에서 보면 어감의 차이가 있습니다만 같은 의미를 전달하고 있습니다. 예문의 문장 쌍들은 어순은 다르지만 같은 의미를 전달하는 문장들입니다.

Das weiß ich auch nicht.
Ich weiß das auch nicht.

Das mache ich auch nicht.
Ich mache das auch nicht.

Das Buch brauche ich nicht.
Ich brauche das Buch nicht.

❑ Kein Problem!

A: Meine Mutter ist nicht da.
B: Kein Problem.
Ich brauche nur eine Unterschrift von Ihnen.

A: Ich habe das Buch nicht.
B: Kein Problem. Ich komme morgen wieder.

4 구조

❑ 부정사 kein

제7강에서 이미 배웠듯이 kein은 nicht와 ein이 축약된 형태입니다. 부정관사 ein이 들어 있는 문장을 부정문으로 표현할 때에는 nicht ein을 쓰지 않고 kein을 써야 합니다. 즉 다음 문장은 쓰지 않는 문장입니다.

Ich habe nicht ein Problem.

특별히 부정관사 ein을 강조하려고 하는 경우에는 쓸 수 있지만 그 경우에는 ein을 강하게 발음해야 합니다. 그리고 그런 경우는 매우 드뭅니다. 다음과 같이 쓰는 것이 일반적입니다.

Ich habe kein Problem.

또 한 가지! 긍정문에서는 관사를 쓰지 않았던 명사라도 부정문을 만들 때는 nicht를 쓰지 않고 kein을 씁니다.

Ich habe Wasser. (긍정문)
Ich habe kein Wasser. (부정문)

❑ 전치사 von

전치사 von이 나왔습니다. von은 앞서 배운 nach, aus, zu와 마찬가지로 3격 명사구가 뒤에 나올 것을 요구하는 3격 지배 전치사입니다. 의미는 '~ 의'라는 뜻입니다. 영어의 of와 비슷하지요.

ein Foto von meinem Vater
ein Freund von meinem Bruder
eine Lieferung von ihm

❑ 불규칙 동사

독일어에서 불규칙 동사란 현재 인칭에서의 변화가 규칙과 다른 동사를 말합니다. 예컨대 이 강에 나온 wissen 동사가 이에 해당합니다.

수	인칭	대명사	동사 활용 어미
단수	일인칭	ich	weiß
	이인칭	du	weißt
	삼인칭	er	weiß
		es	
		sie	
복수	일인칭	wir	wissen
	이인칭	ihr	wisst
	삼인칭	sie	wissen
존칭	단수 · 복수 동형	Sie	wissen

5 발음

다음의 단어들에는 철자 tt가 공통적으로 나옵니다. tt는 [t]로 발음됩니다. 철자 tt가 철자 t와 다른 점은, 자음이 두 개 겹쳐 있기 때문에 그 앞에 나오는 모음이 단모음이 된다는 것입니다. 다음 단어들을 다시 한 번 읽으면서 모음의 길이에 특히 주의하도록 합니다.

Gott　　　bitte　　　Mutter

6 Tipp

❑ 완료 시제

Aber ich habe nichts bestellt.

이 문장에서는 동사가 우리에게 낯선 형태로 등장합니다. 우선 동사가 두 군데에 있습니다. habe가 문장 두 번째 위치에 놓이고 bestellt가 문장 맨 뒤에 왔습니다. 이것은 독일어의 완료 시제입니다. 뒤에서 다시 자세히 공부하겠습니다.

❑ jemand

'누군가, 누구'라는 의미로 해석됩니다. 영어의 somebody와 유사하다고 보면 쉽습니다. 문법적으로는 부정 대명사라고 합니다. 정해져 있지 않은 막연한 대상에 대한 대명사라는 뜻입니다. 대화에서는 1격으로 쓰인 것이라 변화가 없습니다만, 격에 따라 변화를 합니다.

독일의 우편 배달원들이 담소를 나누고 있습니다. 독일 우체국은 노란색을 상징 색으로 사용하고 있습니다.

제9강

Was machst du in den Ferien?

1 기본 대화와 표현

A: Sumi, was machst du in den Ferien?

B: Nichts Besonderes. Ich habe viel Arbeit.

A: So? Frag du mich mal!

B: Ach, du hast etwas vor! Was denn?

A: Das stimmt, ich mache eine Reise!

B: Wirklich? Wohin?

A: In die Schweiz.

B: In die Schweiz? Ach, ich beneide dich!
Mit wem fährst du denn hin? Mit Michael?

A: Nein, zur Zeit ist er in Liechtenstein.

B: Warum? Arbeitet er dort?

A: Nein, er besucht seine Tante dort.

B: Darum fährst du also allein. Hab trotzdem eine schöne Reise!

A: Danke!

A: 수미, 넌 휴가 때 뭐 할 거니?

B: 특별한 건 없어. 일이 많아.

A: 그래? 그럼 나한테 물어 줘.

B: 앗, 너 뭐 좋은 일 있구나! 대체 뭔데?

A: 맞아, 나 여행할 거야.

B: 정말? 어디로?

A: 스위스로.

B: 스위스? 아, 좋겠다!
대체 누구하고 가는데? 미하엘?
A: 아냐, 지금 그는 리히텐슈타인에 있어.
B: 왜? 거기서 일하니?
A: 아냐, 거기 이모님 댁에 가 있는 거야.
B: 그래서 너 혼자 가는구나. 그래도 멋진 여행 해!
A: 고마워.

방학 때 혹은 휴가 때 뭘 하는지 서로 묻고 대답하는 즐거운 대화입니다. 이 강에서는 계획을 묻고 설명하는 상황을 공부합니다.

2 어휘

die Ferien 휴가, 방학
besonders ㊕ 특히, 유달리
die Arbeit 일, 업무
etwas ㊐ 무언가, 어떤 것
stimmen ㊒ 맞다
wirklich ㊕ 정말로, 실제로
die Schweiz 스위스
beneiden ㊒ 샘내다, 부러워하다
mit wem 누구와 함께
warum ㊕ 왜
dort ㊕ 거기서
darum ㊕ 그래서, 그러므로
trotzdem ㊕ 그럼에도 불구하고
also ㊕ 그러면, 그러니까
nichts Besonderes 특별한 어떤 것도 아닌 것
Liechtenstein 리히텐슈타인(독일어를 사용하는 소공국)
die Tante 아주머니(이모, 고모, 숙모 등의 총칭)
hinfahren ㊒ 떠나다, (어디로) 가다

in den Ferien 방학 동안에, 휴가 중에
viel ㊗ 많은
fragen ㊒ 묻다
vorhaben ㊒ 계획하다, ~ 을 하려 하다
die Reise 여행
wohin ㊕ 어디로(wo와 hin의 결합형)
in die Schweiz 스위스로
wem ㊐ 누구에게(wer의 3격 형태)
fahren ㊒ (탈것을 타고) 가다
arbeiten ㊒ 일하다
besuchen ㊒ 방문하다
allein ㊕ 혼자서, 오직
schön ㊗ 예쁜, 아름다운, 좋은

3 한 걸음 더

❏ Was machst du morgen?

A: Was machst du heute Abend?
B: Heute Abend bin ich zu Hause.

A: Was machst du morgen?
B: Morgen gehe ich zu meiner Tante.

A: Was machst du nach der Schule?
B: Ich sehe einen Film.

❏ Wohin fährst du?

A: Wohin fährst du?
B: Ich fahre nach Deutschland.
in die Schweiz.
zu meiner Tante.

❏ Mit wem fährst du?

A: Mit wem fährst du?
B: Ich fahre mit meinem Vater.
mit meiner Schwester.
mit meiner Freundin.
allein.

4 구조

❏ 의문사의 격변화

Mit wem fährst du?

이 문장에서 mit wem은 전치사와 의문사가 결합된 형태입니다. 이때 의문사의 격은 의문사 앞에 있는 전치사가 몇 격을 지배하는가에 따라 결정됩니다. 위 문장에서 mit가 3격 지배 전치사이기 때문에 wer의 3격인 wem이 쓰인 것입니다. 만일 전치사가 4격 지배를 한다면 의문사 4격을 써야겠지요. 의문사 wer의 4격 형태는 wen입니다.

1격	2격	3격	4격
wer		wem	wen

❏ 강변화 동사

제8강에서 강변화 동사와 불규칙 동사의 차이에 대해 공부했습니다. 이 강에서 정리할 강변화 동사는 동사의 현재-과거-과거분사형이 규칙과 다르게 변화하는 동사입니다. 강변화 동사는 현재 인칭에서 어간 모음이 변화를 합니다. 오늘은 어간 모음에 a가 포함되어 있는 경우만 보겠습니다. 어간 모음에 a가 포함되어 있을 때 이 어간 모음은 단수 이인칭과 삼인칭의 현재 인칭 변화에서 ä로 변모음합니다.
fahren 동사의 변화형을 보겠습니다.

ich	fahre	wir	fahren	Sie	fahren
du	fährst	ihr	fahrt		
er, es, sie	fährt	sie	fahren		

5 발음

❑ st-

st-로 시작하는 단어에서 s는 [s]가 아닌, [ʃ]로 발음됩니다. 따라서 동사 stimmen은 [ʃtImən]으로 발음됩니다. 다음의 단어들을 발음하면서 연습해 보기 바랍니다.

stimmen　　Stadt　　Straße　　stehen

❑ tz

철자 ts와 마찬가지로 [ts]로 발음합니다. 다음의 단어들을 읽어 보십시오.

Katze　　Satz　　trotz　　Matratze

6 Tipp

❑ 전치사 in은 경우에 따라 3격 혹은 4격을 지배하기 때문에 3·4격 지배 전치사라 합니다. 예문에서도 in den Ferien에서 3격을, in die Schweiz에서는 4격을 지배하고 있는 것을 볼 수 있습니다.

❑ '계획하다, ~ 하려 하다'라는 의미의 vorhaben이 나왔습니다. 그런데 이 동사는 특이하게도 vor와 haben이 따로 떨어져 나오는 것을 볼 수 있습니다. 이런 동사를 분리동사라 합니다.

❑ Frag du mich mal!은 명령문입니다. 단수 이인칭, du에 대한 명령형인데 주어를 생략하지 않고 그대로 쓰고 있습니다. 일반적인 명령문과는 조금 다르게 보이는데 이것은 "네가 나한테 한번 물어 봐."라는 의미로, 주어인 du를 강조한 것이므로 생략하지 않고 썼습니다. 영어에서도 명령형에서 이인칭 주어를 생략하지 않는 용법이 있는 것을 상기해 보기 바랍니다.

❑ 현재 시제는 가까운 미래를 나타내는 용법이 있습니다. 예문에서도 미래에 일어날 일이나 계획에 대해 이야기하는 데 계속 현재 시제가 쓰이고 있는 것을 볼 수 있습니다.

오스트리아 인스부르크의 모습입니다. 알프스를 등지고 있는 아름다운 도시입니다.

Danke für die Einladung!

제10강

1 기본 대화와 표현

A: Hallo, Markus!

B: Hallo, Sumi! Danke für deine Einladung.

A: Ich danke dir! Komm! Yumi und Jens warten auf dich!

C, D: Hallo, Markus! Wir sind schon da!

B: Hi Yumi, Hi Jens! Tut mir Leid, ich bin zu spät!

C: Ja, ich habe Riesenhunger!

D: Ich auch! Warum bist du immer so spät?

B: Ach, die Straßen sind voll.

C: Quatsch! Du kommst immer spät!

D: Ja, Stau gibt es immer, aber die Yumi kommt nicht spät.

B: Ja, tut mir Leid···

A: Kinder, hört auf! Kommt hierher! Das Essen ist fertig!
Markus, isst du gern Fisch?

B: Ja, ich mag Fisch.

A: Das ist gut! Heute essen wir Fisch und Kartoffeln.

A. 안녕, 마르쿠스!

B: 안녕, 수미! 초대해 줘서 고마워.

A: 내가 고맙지! 어서 와! 유미와 옌스가 너를 기다리고 있어.

C, D: 안녕, 마르쿠스! 우린 이미 와 있어!

B: 안녕 유미, 안녕 옌스! 늦어서 미안해.

C: 그래, 난 엄청나게 배고파.

D: 나도 그래! 왜 넌 늘 늦는 거니?

B: 아, 길이 꽉 막혀 있어.

C: 그건 말이 안 되지! 넌 늘 늦게 오잖아.

D: 그래, 정체는 늘 있는 거지만 유미는 늦지 않잖아.

B: 그래, 미안해…

A: 얘들아, 그만 해! 이리로 와! 음식이 다 됐어!
마르쿠스, 생선 잘 먹어?

B: 응, 난 생선을 좋아해.

A: 그거 좋네! 오늘 우리 생선과 감자를 먹을 거거든.

초대를 받아 가서 인사를 하고 식사를 하는 상황입니다. 이 강에서 설정한 것은 매우 친한 친구 여럿이 함께 초대를 받아 서로 이야기를 나누는 상황입니다. 늦은 것에 대해 비난하고 변명하고 사과하는 대화, 좋아하는 음식에 관한 대화를 공부합니다.

2 어휘

die Einladung 초대

warten ⓢ 기다리다

spät ⓗ 늦은

schon ⓑ 이미, 벌써

auf ⓙ ~ 위에(3 · 4격 지배 전치사)

auf der Straße 길 위에서, 길에서

der Quatsch 쓸데없는 소리. 어리석은 일

das Leid 고통, 어려움

Es tut mir Leid 유감이다, 미안하다

aufhören ⓢ 그만두다, 중지하다

essen ⓢ 먹다

fertig ⓗ 완료된, 마친

der Fisch 생선, 물고기

die Kartoffel 감자

das Buch 책

die Lampe 전등, 스탠드

kommen ⓢ 오다

auf 4격 warten ~ 를 기다리다

zu spät 너무 늦은

geben ⓢ 주다

die Straße 길, 거리

voll ⓗ 가득 찬, 꽉 찬

immer ⓑ 늘, 항상

tun ⓢ 하다, 행하다

das Kind 아이, 어린이

hierher ⓑ 여기로, 이쪽으로

das Essen 음식

gern ⓑ 기꺼이, 즐거이

mögen ⓢ ~ 을 좋아하다

das Geschenk 선물

der Tisch 테이블

das Zimmer 방

der Riesenhunger(der Riese 거인 + der Hunger 배고픔) 매우 배고픔

3 한 걸음 더

무언가에 대해 감사한다는 표현, 잘못에 대한 사죄의 표현, 무엇인가를 즐겨 한다, 좋아한다는 다양한 표현들을 익힙니다.

Danke für deine Einladung!
Ich danke dir für deine Einladung!
Danke für das Essen!
Danke für die E-Mail!

A: Warum kommst du immer spät?
B: Die Straßen sind immer voll.

A: Warum kommst du heute nicht?
B: Ich habe zu viel Arbeit.

A: Warum gibst du ihr kein Geschenk?
B: Ich habe kein Geld.

Es gibt Stau auf der Straße.
Es gibt ein Buch auf dem Tisch.
Es gibt eine Lampe in dem Zimmer.

Ich esse gern Fisch.
Ich trinke gern Cola.
Ich lerne gern Deutsch.

4 구조

❑ 동사 essen과 geben의 현재 인칭 변화

제9강에서 강변화 동사는 현재 인칭에서 어간 모음이 변화한다고 설명했습니다. 그 첫 번째는 단수 이인칭과 삼인칭에서 어간 모음 a가 ä로 변모음하는 변화였습니다.

Er fährt nach Berlin.

이번 강에서 배울 강변화 동사는 essen과 geben입니다. 어간 모음에 e가 포함되어 있지요. 어간 모음에 e가 포함된 동사도 역시 단수 이인칭과 삼인칭에서 변화합니다.

e ⇒ i
　　ie

이렇게 두 가지로 변합니다. 만일 e가 단모음이면 i로, 장모음이면 ie로 변합니다. 장모음과 단모음의 구분에 대해서는 제1강에서 배웠습니다. 다시 한 번 확인해 보면, 모음+자음+자음인 경우에는 그 모음이 단모음이고 그 외의 경우에는 장모음이 된다고 하였습니다.

동사 essen의 예를 들어 보겠습니다. essen의 어간 모음 e는 이 규칙에 의해 단모음이 됩니다. 현재 인칭 변화는 다음과 같습니다.

ich	esse	wir	essen		
du	isst	ihr	esst	Sie	essen
er, es, sie	isst	sie	essen		

동사 geben의 어간 모음 e는 규칙에 의해 사실 장모음이지만, 현재 인칭 변화에서는 규칙과 다르게 변화합니다. 마치 단모음인 것처럼 변화합니다.

ich	gebe	wir	geben		
du	gibst	ihr	gebt	Sie	geben
er, es, sie	gibt	sie	geben		

읽는다는 의미를 가진 동사 lesen은 규칙대로 현재 인칭 변화를 합니다.

ich	lese	wir	lesen		
du	liest	ihr	lest	Sie	lesen
er, es, sie	liest	sie	lesen		

❑ 동사 sein의 현재 인칭 변화

지금까지 동사 sein이 인칭에 따라 변화하는 것을 보았습니다. 이 강에서 정리해 보겠습니다.

ich	bin	wir	sind		
du	bist	ihr	seid	Sie	sind
er, es, sie	ist	sie	sind		

❑ ihr에 대한 명령문

Hört auf!는 친칭 이인칭의 복수인 ihr, 즉 너희들에 대한 명령문입니다. 아래와 같은 형식을 갖습니다.

〈동사의 어간 + t〉+문장의 나머지 성분 + !

위의 예문에서는 특히 동사 aufhören이 분리 동사이기 때문에 auf가 Hört와 분리되어 문장 맨 뒤에 쓰인 것을 눈여겨보기 바랍니다.

5 발음

❏ sp[ʃp]

st-의 경우와 비슷합니다. 어절 앞의 sp는 [sp]가 아니라 [ʃp]로 발음됩니다. 다음의 단어들을 읽어 보기 바랍니다.

spät　　Sprache　　Spaß　　Spinne

❏ au[aʊ]

이중 모음입니다. 철자로는 두 개의 모음이지만 하나의 음절을 이룹니다. 다음의 단어들을 함께 읽어 보기 바랍니다.

auch　　August　　rauchen　　Stau

❏ qu[kv]

q는 결코 혼자 나오지 않고 여기서 보는 것처럼 바로 뒤에 모음 u를 달고 다닙니다. (영어도 그렇지요.) 그리고 이 경우에 한해서 u의 발음도 특이하게 변화합니다. 다음의 단어들을 읽으면서 연습해 보세요.

Qualität　　Quittung　　bequem　　Quatsch

6 Tipp

❏ 동사 mögen의 변화

예문을 보시면 'Ich möge ~'라고 하지 않고 'Ich mag ~' 이라고 하는 것을 발견했을 것입니다. 이 동사는 화법 조동사라고 해서 현재 인칭 변화가 매우 특이한 규칙을 따르는 동사입니다. 쓰임도 특이하고 주의를 요합니다.

보덴 호수를 품고 있는 마을의 모습입니다.
독일에서 제일 큰 호수이지요.

Hast du was vor?

제 11 강

1 기본 대화와 표현

A: Hast du heute Abend was vor?
Gehen wir zusammen ins Kino!
B: Leider habe ich heute Abend etwas vor.
A: Hast du eine Verabredung?
B: Ja, ich habe eine Verabredung mit meiner Schwester.
A: Schade, aber wie schön! Ich habe keine Geschwister.
B: Ach, so? Das tut mir Leid.
Meine Schwester und ich verstehen uns sehr gut.
A: Wie viele Geschwister hast du, nur eine Schwester?
B: Ich habe zwei Geschwister, einen Bruder und eine Schwester.

A: 오늘 저녁에 뭐 할 일 있어?
우리 같이 영화관 가자!
B: 유감이지만 난 오늘 저녁에 할 일이 있어.
A: 계획이 있어?
B: 응, 내 여동생이랑 약속이 있어.
A: 난 아쉽긴 한데, 참 좋겠다! 난 형제자매가 없거든.
B: 그래? 그거 안됐구나.
내 여동생과 나는 서로 아주 잘 통해.
A: 형제자매가 모두 몇인데? 그냥 여동생 하나야?
B: 모두 둘인데, 남자 형제 하나랑 여동생 하나야.

2 어휘

was(=etwas) ㊐ 어떤 것. was는 의문 대명사이지만 여기에서는 부정 대명사 etwas의 일상어적인 변형으로 쓰였습니다.

zusammen ㊝ 함께, 같이

das Kino 영화관

verstehen ㊍ 이해하다

wie viel 얼마나 많이, 얼마나 많은

das Wochenende 주말

das Restaurant 레스토랑, 음식점

ins in + das

die Verabredung 약속

sich verstehen 서로 잘 이해하다

nur ㊝ 단지, 오직

am Wochenende 주말에

das Zimmer 방

3 한 걸음 더

❑ sich verstehen

Wir verstehen uns sehr gut.
Versteht ihr euch gut?
Meine Eltern verstehen sich sehr gut.
Verstehen Sie sich nicht so gut?

❑ etwas vorhaben

A: Was hast du heute Abend vor?
B: Ich habe eine Verabredung mit meinem Bruder.

A: Was machst du am Wochenende?
B: Ich besuche meine Tante in München.

A: Hast du etwas Schönes in den Ferien vor?
B: Ja, ich mache eine Reise in die Schweiz.

4 구조

❑ Gehen wir zusammen ins Kino!

예문은 wir에 대한 명령형입니다. '~ 하자'라는 의미로 사용되고,

동사의 부정형 + wir + 문장의 나머지 부분 + !

의 형태로 쓰입니다. 앞서 배운 ihr에 대한 명령문과 비교해 보기 바랍니다.

❑ 부정관사의 격 변화

지금까지 부정관사의 1격과 3격, 4격을 부분적으로 보아 왔습니다. 우선 부정관사의 1격과 4격은 대체로 같습니다. 다만 남성 명사에서만 차이가 있습니다.

	남성	여성	중성
1격	ein	eine	ein
4격	einen	eine	ein

여기에 더해서 부정관사 3격을 공부했습니다. 부정관사 3격은 여성만 einer이고 남성과 중성은 똑같이 einem입니다.
이제 부정관사의 남성, 여성, 중성의 1, 3, 4격을 다음의 표로 정리해 보겠습니다.

	남성	여성	중성
1격	ein	eine	ein
3격	einem	einer	einem
4격	einen	eine	ein

❑ 재귀 동사

예문의 문장은 재귀 대명사가 포함된 문장입니다.

Meine Schwester und ich verstehen uns sehr gut.

영어의 oneself처럼 독일어에서 재귀 대명사 모두를 통칭할 때 sich를 씁니다. sich는 삼인칭 단수, 복수 그리고 존칭의 재귀 대명사 4격입니다. 그 외의 경우에는 조금씩 다르게 변화합니다. 이 강에서는 wir의 재귀 대명사 형태가 uns라는 것을 보셨습니다. 이 강에서 나온 재귀 대명사를 정리해 보겠습니다.

인칭 대명사 (1격)	재귀 대명사 (4격)	인칭 대명사 (1격)	재귀 대명사 (4격)	인칭 대명사 (1격)	재귀 대명사 (4격)
ich		wir	uns		
du		ihr		Sie	sich
er	sich	sie	sich		
es	sich				
sie	sich				

❑ 3 · 4격 지배 전치사

다음 문장에 쓰인 ins는 전치사 in과 정관사 das가 합해진 형태입니다.

Gehen wir zusammen ins Kino!

그렇다면 전치사 in은 4격을 지배하는 전치사라고 생각할 수 있겠지만 문제가 조금 복잡합니다. 이 전치사는 '~ 안에서'라는 의미로 쓰일 때에는 3격을, '~ 안으로'의 의미로 쓰일 때에는 4격을 지배하는 3 · 4격 지배 전치사입니다.

Gehen wir ins Kino!
Gehen wir in die Mensa!
Wir sind jetzt im Zimmer.

❑ 분리 동사

본문에 나왔던 다음 대화를 보면 동사가 조금 이상하게 쓰인 것을 발견할 수 있습니다.

A: Hast du heute Abend was vor?
Gehen wir zusammen ins Kino!
B: Leider habe ich heute Abend etwas vor.

즉 동사 vorhaben이 두 부분으로 나누어져 사용되고 있는데, 독일어에는 이와 같이 동사의 일부분이 떨어져 나와 문장 맨 뒤에 쓰이는 특이한 어법이 있습니다. 동사에서 이처럼 잘 떨어져 나오는 부분들을 분리 전철이라고 부르며 분리 전철을 포함하고 있는 동사를 분리 동사라고 합니다.
분리 전철은 일종의 접두사처럼 우리가 잘 아는 동사의 앞에 붙어서 그 동사의 의미를 분화시키는 역할을 합니다. 이 강에 나온 분리 전철 vor-는 다음과 같이 사용됩니다.

vorbereiten 준비하다
vorhaben 계획하다
vorgehen 미리 가다, 빨리 가다

vorstellen 상상하다

분리 전철이 포함된 동사는 전철은 문장 맨 뒤에 남겨 놓은 채, 동사 자신은 문장의 두 번째 위치를 고수하는 특징이 있습니다. 어떤 분리 전철이 붙느냐에 따라 동사의 의미가 전혀 달라질 수 있으므로 독일어도 한국어처럼 끝까지 들어 보아야 하겠지요?

5 발음

❑ eu · äu [ɔy]

둘 다 이중 모음이고 같은 소리로 발음됩니다. 특히 äu는 변모음을 하기 전의 이중 모음과 변모음이 된 후의 이중 모음의 소리가 크게 다르기 때문에 주의해야 합니다. 예를 들어 das Haus의 복수형은 die Häuser[hɔyzəɤ]가 되어 단수형과는 전혀 달라집니다. 다음 단어를 소리 내어 읽어 보면서 익히기 바랍니다.

Deutsch Preußen Häuser Träumen

6 Tipp

❑ heute Abend

본문 중에 쓰인 heute Abend라는 표현은 시간을 나타내는 부사와 역시 시간을 표현하는 명사 두 개가 합해서 오늘 저녁이라는 시간을 복합적으로 표현하는 용법으로 사용된 것입니다. 이 경우 어원에 충실하게 쓰기 위해 앞의 부사는 소문자로, 뒤에 나오는 명사는 대문자로 써 준다는 것에 유의하기 바랍니다.

heute Morgen
heute Vormittag
heute Nacht
morgen Nachmittag
morgen Abend

제12강

Wie alt ist deine Schwester?

1 기본 대화와 표현

A: Wie alt ist deine Schwester?

B: Sie ist 19 Jahre alt.

A: Und dein Bruder? Wie alt ist er?

B: Äh··· er ist sieben Jahre älter als ich.

A: Also, Du bist 21 Jahre alt und 21 plus 7···
Ist er 28 Jahre alt?

B: Ja, ungefähr.

A: Was soll denn das? Warum ungefähr?

B: Tja, er ist viel älter als ich.
Ich weiß oft sein Alter nicht.

A: Das verstehe ich nicht.

B: Ich weiß das Alter von meiner Schwester.
Sie ist nämlich nur zwei Jahre jünger als ich.

A: 네 여동생이 몇 살이지?

B: 19살이야.

A: 그럼 네 형은? 형은 몇 살이시지?

B: 에··· 형은 나보다 일곱 살 많아.

A: 말하자면, 네가 스물한 살이고 21 더하기 7이면···
형은 스물여덟 살이네?

B: 응, 대략 그래.

A: 그게 무슨 소리야? 왜 대략이라고 하는데?

B: 글쎄, 형은 나보다 나이가 훨씬 많으니까.
형의 나이를 종종 잊곤 해.

A: 난 이해가 안 가.

B: 여동생 나이는 알아.
왜냐하면 걔는 나보다 고작 두 살 어리거든.

2 어휘

alt ㉮ 늙은, 낡은, 오래된, 나이 든
als ㉰ ~ 보다
das Jahr, die Jahre 해, 년
ungefähr ㉯ 약, 대략
nämlich ㉯ 즉, 말하자면
jünger jung의 비교급
größer groß의 비교급
kleiner klein의 비교급
sollen ㉱ ~ 해야 한다(당위를 의미하는 화법 조동사)
älter alt의 비교급
das Alter 나이
plus ㉰ 더하기, 플러스
oft ㉯ 이따금, 종종
jung ㉮ 젊은, 어린
groß ㉮ 큰
klein ㉮ 작은

3 한 걸음 더

❑ 나이 묻고 대답하기

A: Wie alt bist du?
B: Ich bin 20 Jahre alt.

A: Wie alt ist deine Mutter?
B: Sie ist 50 Jahre alt.

A: Wie alt sind Sie?
B: Ich bin 21 Jahre alt.

A: Wie alt seid ihr?
B: Ich bin 21 und mein Bruder 23.

❑ 비교하기

Er ist älter als sein Bruder. ⇒ Sein Bruder ist jünger als er.

Sie ist älter als er. ⇒ Er ist jünger als sie.

Ihr seid älter als wir.	⇒ Wir sind jünger als ihr.
Sie sind kleiner als er.	⇒ Er ist größer als Sie.
Sie ist kleiner als wir.	⇒ Wir sind größer als sie.
Sie sind kleiner als ihr.	⇒ Ihr seid größer als sie.

4 구조

❑ 수

나이를 묻고 대답하다 보니 이 강에서는 수를 공부하게 되었습니다. 수를 배우게 되면 무한 개의 독일어 단어를 배우게 되는 것이겠지요? 이 강에서는 1부터 100까지의 수를 세는 법을 공부하겠습니다.

먼저 1부터 12까지입니다. 영어와 비슷한 것도 있지만 전혀 다른 것도 있습니다.

1	eins	2	zwei
3	drei	4	vier
5	fünf	6	sechs
7	sieben	8	acht
9	neun	10	zehn
11	elf	12	zwölf

다음은 13부터 19까지입니다. 3부터 9까지의 수에 -zehn을 붙여 씁니다. 이 원칙에서 조금 어긋난 것들은 표시를 해 두겠습니다.

13	dreizehn	14	vierzehn
15	fünfzehn	16	sechzehn
17	siebzehn	18	achtzehn
19	neunzehn		

다음은 20부터 90까지입니다. 2부터 9까지의 수에 -zig를 붙여 씁니다. 20과 30은 불규칙한 모습을 보입니다.

20	zwanzig	30	dreißig
40	vierzig	50	fünfzig
60	sechzig	70	siebzig
80	achtzig	90	neunzig

21이나 76 같은 수는 어떻게 표현할까요? 이들은 1과 20, 6과 70으로 읽습니다.

einundzwanzig sechsundsiebzig

이렇게 모두 붙여서 씁니다. 1의 자리부터 읽는다는 점에 특히 주의하기 바랍니다. 마지막으로 100은 hundert입니다.

❑ 나이 물어 보고 대답하기

나이를 물어 보고 대답할 때에는 영어와 거의 같은 표현을 씁니다.

A: Wie alt bist du?
B: Ich bin 21 Jahre alt.

❑ 비교하기

'A가 B보다 더욱 ~ 하다'라는 표현은 비교 구문입니다.

형용사 비교급 + als + 비교대상

Er ist älter als ich.
Sie ist kleiner als ich.

❑ sein 동사의 현재 인칭 변화

지금까지 sein 동사가 현재 인칭에서 어떻게 변하는지 보았습니다. 여기에서 그 변화를 정리해 보겠습니다. 어떤 변화형은 지금까지 한 번도 나오지 않은 것도 있습니다. 이 기회에 함께 잘 익혀 두기 바랍니다.

ich	bin	wir	sind		
du	bist	ihr	seid	Sie	sind
er, es, sie	ist	sie	sind		

❑ sollen

동사 solllen은 앞서 배운 mögen 동사와 마찬가지로 일반적인 규칙 동사의 현재 인칭 변화와 사뭇 다른 변화를 합니다. 화법 조동사라고 해서 다른 동사와 함께 쓰이는 경우가 많습니다. 예문에서는 본동사로 쓰였습니다. sollen 동사의 현재 인칭 변화는 아래와 같습니다.

ich	soll	wir	sollen		
du	sollst	ihr	sollt	Sie	sollen
er, es, sie	soll	sie	sollen		

5 발음

❑ ng ⇒ [ŋ]

철자 ng는 [ŋ] 발음이 납니다. 영어와 마찬가지라고 보시면 쉽게 이해가 됩니다. 다음의 단어들을 읽어 보겠습니다.

jung　　jünger　　lang　　singen

❑ v ⇒ [f] [v]

철자 v는 경우에 따라 [f] 혹은 [v]로 소리납니다. 대체로 순수한 독일어 어원을 가진 어휘는 [f]로 발음됩니다.

Vater　　Volk　　Motiv　　viel

외래어인 경우에는 [v]로 발음되는 경우가 종종 있습니다.

Vase　　Klavier　　intensive　　via

6 Tipp

❑ 형용사의 비교급

독일어에서 형용사 비교급 어미 변화는 의외로 간단합니다. klein – kleiner의 경우는 정말로 쉽습니다. 그러나 이 강에서 배운 나머지 형용사들은 기대에 부응하지 못합니다.

alt – älter　　jung – jünger　　groß – größer

이처럼 하나의 음절로 이루어진 형용사들은 비교급에서 변모음하는 경우가 많습니다만 반드시 그렇지도 않으니 주의해야 합니다.

제13강

Wir sehen uns um vier

1 기본 대화와 표현

A: Anna Habermann.

B: Hallo Anna, hier ist Sarah.

A: Hi, Sarah, wie geht es dir?

B: Danke, gut! Dir geht es auch gut. Das weiß ich.

A: Ach so?

B: Einfach so. Hast du heute Zeit?

A: Für dich habe ich immer Zeit, Schätzchen!

B: Wie schön! Hilf mir dann bitte!

A: Womit helfe ich dir?

B: Morgen hat meine Mutter Geburtstag.
Ich brauche ein schönes Geschenk für sie, aber ich weiß nicht···

A: Kein Problem. Ich helfe dir beim Einkaufen.

B: Vielen Dank! Sehen wir uns um vier Uhr, vor dem Kaufhaus!

A: Alles klar, bis später!

B: Bis später! Tschüs!

A: 안나 하버만입니다.

B: 안녕, 안나. 난 사라야.

A: 안녕, 사라. 어떻게 지내?

B: 고마워, 잘 지내. 너도 잘 지내잖아. 그건 내가 알지.

A: 아하 그래?

B: 그냥 그래. 오늘 시간 있어?

A: 너를 위한 시간은 항상 있지, 친구!
B: 얼마나 좋은지! 그럼 나 좀 도와 줘!
A: 뭘 도와 줄까?
B: 내일 우리 어머니 생신이야.
어머니께 드릴 멋진 선물이 필요한데, 그런데 난 모르겠어…
A: 문제 없어. 내가 쇼핑하는 거 도와 줄게.
B: 고마워! 우리 4시에 백화점 앞에서 보자!
A: 알았어, 그럼 나중에 보자!
B: 나중에 봐! 끊을게!

이 강에서는 전화 대화를 다시 한 번 연습합니다. 이번에는 전화 대화를 통해 문제를 토로하고 해결하고 또 약속을 정하는, 이전의 전화 대화보다 복잡한 상황에서 일어나는 대화를 공부하겠습니다.

2 어휘

so ㊋ 그렇게, 매우
einfach so 그냥 그래
die Zeit 시간
für ㊉ ~ 을 위해
das Schätzchen 귀염둥이, 예쁜이
morgen ㊋ 내일
brauchen ㊌ 필요로 하다
aber ㊍ 그러나
Kein Problem! 문제 없어, 괜찮아.
das Einkaufen 쇼핑, 물건 사기
Vielen Dank! 대단히 감사합니다!
vor ㊉ ~ 앞에, 앞으로(3·4격 지배 전치사)
alles ㊎ 모든 것, 모두
Alles klar! 모두 알았어! 잘 알았어!
später ㊏ 나중에, 후에
womit ㊋ 무엇을 가지고, 어떻게 해서(mit+was)
einfach ㊏ 단순한, 간단한
heute ㊋ 오늘
Zeit haben 시간이 있다
immer ㊋ 늘, 항상
der Schatz 보물
der Geburtstag 생일
das Geschenk 선물
das Problem 문제
einkaufen ㊌ (물건을) 사다, 쇼핑하다
der Dank 감사
sehen ㊌ 보다
das Kaufhaus 백화점
klar ㊏ 명백한, 분명한
bis ㊉ ~ 까지(4격 지배 전치사)
bis später 나중에, 나중에 보자

3 한 걸음 더

❏ 전화 걸기

A: Bergmann, hallo!
B: Hallo, hier ist Yumi.

A: Lee.
B: Guten Tag, Frau Lee!

A: Susanne Müller am Apparat.
B: Hallo, Susanne. Hier ist Marc.

❏ Zeit haben

Hast du heute Zeit?
Für dich habe ich immer Zeit.
Hast du keine Zeit für mich?
Ich habe viel Zeit für dich.
Sie hat immer Zeit für ihre Mutter.

❏ helfen

Womit helfe ich dir?
Ich helfe dir mit der Arbeit.

Ich helfe dir beim Arbeiten.
Beim Lernen helfe ich dir.

4 구조

❏ du와 wir에 대한 명령

이인칭 du에 대한 명령은 제9강, 제10강에서 이미 공부했습니다만, 다음 문장은 조금 다르게 보입니다.

Dann hilf mir bitte!

강변화 동사 중 어간 모음에 e가 있는 동사, 예컨대 helfen, essen 같은 동사는 명령형에서 이 어간 모음이 변화합니다! 그러나 다행히도 우리가 이미 익히 알고 있는 변화입니다. 즉 단수 이인칭과 삼인칭에서 어간 모음 e가 어떻게 변화했던가를 기억했다가 그대로 변화를 시키면 됩니다.

한편 Wir에 대한 명령, '즉 ~ 하자'에 해당하는 표현은

〈동사 부정형〉 + wir + 문장의 나머지 부분 + !

입니다.

Gehen wir ins Kino!
Helfen wir ihm!
Sehen wir den Film!

❑ haben 동사의 현재 인칭 변화

이번에는 지금까지 배운 haben 동사의 현재 인칭 변화를 정리해 보겠습니다.

ich	habe	wir	haben		
du	hast	ihr	habt	Sie	haben
er, es, sie	hat	sie	haben		

❑ 시간

본문에 '4시에'라는 표현이 um vier Uhr로 나왔습니다. 영어의 at에 해당하는 전치사가 um입니다. 명사 Uhr는 시간, 그리고 시계를 의미하는 말로 함께 쓰입니다.

Ich habe eine Uhr.
Sehen wir uns um sieben Uhr!
Um wie viel Uhr kommt sie?
Kommst du um vier Uhr?
Ich komme um 3 Uhr.
Die Sonne geht um 6 Uhr auf. (aufgehen 해가 뜨다)

5 발음

❑ z ⇒ [ts]

영어와 달리 무성음입니다. 다음 단어들을 읽으며 연습해 보세요.

Zauber Zimmer Herz

❑ ai · ay · ei · ey ⇒ [aI]

철자 ei가 [aI]로 발음되는 것은 이미 공부했습니다. 그 외에도 ai, ay, ey도 역시 [aI]

로 발음됩니다. 다음의 단어들을 읽어 보겠습니다.

Kaiser	Mai	Bayern
Eis	Einstein	Meyer

6

Tipp

❑ beim Einkaufen

Einkaufen은 동사 부정형 einkaufen의 첫 글자를 대문자로 써서 만든 명사입니다. 행위를 나타내는 명사, 동명사라고도 할 수 있습니다. 이처럼 동사 부정형의 첫 글자를 대문자로 써서 만든 명사는 모두 중성입니다.

❑ Vielen Dank!

형용사 viel은 이미 공부했습니다. 그런데 예문을 보면 viel Dank가 아닌 vielen Dank로 쓰였습니다. 어미 -en이 형용사에 붙어 있는 모습이지요. 네, 이처럼 형용사가 명사를 수식할 때에는 어미 변화를 하게 됩니다.

린더호프 성, 루드비히 2세가 지은 성 중의 하나입니다.

제14강

Es regnet

1 기본 대화와 표현

A: Du hast es aber sehr eilig. Wo gehst du hin?
B: Zur Post. Ich schicke ein Paket nach Österreich.
A: Bei diesem Wetter?
B: Warum? Wie ist das Wetter heute?
A: Es regnet doch!
B: Na ja, ich habe einen großen Regenschirm.
A: Es donnert sogar!
B: Weht es auch?
A: Ja, und es ist kalt dazu.
B: Aber dem Wetterbericht nach wird es heute wieder heiter.
A: Tja, glaubst du immer noch an die Wettervorhersage?
Es regnet schon vier Stunden lang.
B: Hm, dann gehe ich heute nicht aus.

A: 너 무척 급하구나. 어디로 가니?
B: 우체국 가. 소포 하나 오스트리아로 부치려고.
A: 이런 날씨에?
B: 왜? 오늘 날씨가 어떤데?
A: 비가 오고 있다고!
B: 뭐 그래, 난 커다란 우산이 있어.
A: 심지어 천둥도 치는데!
B: 바람도 부니?

A: 응, 게다가 춥기까지 해.
B: 하지만 일기예보에 따르면 오늘 다시 날이 갠다던데.
A: 흠, 넌 아직도 일기예보를 믿니?
벌써 네 시간째 비가 오고 있는데.
B: 흠, 그러면 난 오늘 밖에 안 나갈래.

이 강에서는 날씨와 관련된 표현을 배웁니다. 날씨가 흐리거나 맑고, 비가 오거나 개거나 하는 등의 표현은 일상 생활에서 꼭 필요한 것들이지요. 비인칭 주어와 시제 표현에 대해서 보다 자세히 공부하겠습니다.

2 어휘

sehr ㊇ 매우, 대단히
hingehen ㊍ (거기로) 가다
zur Post 우체국으로
das Paket 소포, 꾸러미
warum ㊇ 왜
regnen ㊍ 비가 오다
schon ㊇ 이미, 벌써
Es donnert 천둥이 친다
wehen ㊍ (바람이) 불다
kalt ㊄ 차가운, 추운
dazu ㊇ 게다가(zu+dem)
heiter ㊄ (날씨가) 갠
Es wird heiter 날이 개다
Es blitzt 번개가 친다
freundlich ㊄ 다정한, (날씨가) 좋은
wolkig ㊄ 구름 낀
an 4격 glauben ~를 믿다
die Stunde 시간
ausgehen ㊍ 밖으로 나가다, 외출하다
der Regenschirm 우산(der Regen+der Schirm)
eilig ㊄ 바쁜, 성급한
die Post 우체국, 우편
schicken ㊍ 보내다
Österreich 오스트리아
das Wetter 날씨
Es regnet 비가 온다
donnern ㊍ 천둥치다
sogar ㊇ 심지어
Es weht 바람이 분다
Es ist kalt (날씨가) 춥다
der Wetterbericht 일기예보
dem Wetterbericht nach 일기예보에 따르면
blitzen 번개가 치다
warm ㊄ 따뜻한
sonnig ㊄ 햇빛이 비추는
glauben ㊍ 믿다
die Wettervorhersage 일기예보
lang ㊄ 긴, 오랫동안

❑ 의문사

지금까지 wer, was를 비롯해서 여러 가지 의문사들을 배웠습니다. 일상 회화에서 꼭 필요한 중요한 의문사들을 소위 6하 원칙에 따라 정리해 보겠습니다.

wer	누가	wo	어디서	wie	어떻게
wann	언제	was	무엇을	warum	왜

3 한 걸음 더

❑ es eilig haben

A: Du hast es sehr eilig.
B: Ja, ich habe es sehr eilig.

A: Womit bist du so beschäftigt?
B: Ich habe zu viel Arbeit.

❑ das Wetter

A: Wie ist das Wetter heute?
B: Es regnet.
schneit.
weht.
donnert.
blitzt.

ist regnerisch.
sonnig.
wolkig.
warm.
kalt.
schön.
freundlich.

wird heiter.

4 구조

❑ 비인칭 주어

독일어에도 영어처럼 비인칭 주어가 있습니다. 그리고 그 쓰임이 매우 다양하고 문법적 역할도 여러 가지입니다. 이 강에 쓰인, 날씨를 나타내는 비인칭 주어 es는 생략될 수 없고 실제로 문법적인 주어가 하는 역할을 성실히 수행합니다.

Es regnet nicht mehr.
Es wird wieder kalt.
Es donnert und blitzt heute.
Es ist kalt und wolkig.

❑ 동사 regnen의 현재 인칭 변화

동사 regnen은 삼인칭 단수 현재형에서 동사 활용 어미가 t이므로 regn + t라는 매우 발음하기 힘든 조합이 만들어지게 됩니다. 그래서 발음을 쉽게 하기 위해 어간 regn과 어미 t 사이에 모음 e를 삽입하여 regnet가 됩니다. 이처럼 어간과 어미 사이에 모음 e를 삽입해서 발음하기 쉽게 만드는 동사 어간은 그 외에도 다음과 같은 철자로 끝납니다.

-d, -t, -fn, -dm, -gn, -fn, -chn, -ckn 등

다음의 몇 가지 동사를 예로 들어 연습해 보겠습니다. 스스로 예문을 만들어 연습해 보기 바랍니다.

melden, falten, widmen, begegnen, öffnen, rechnen, trocknen

Er meldet sich.
Du und Anna begegnet ihrer Mutter.
Das Kind öffnet das Fenster.

❑ 시제

독일어의 시제는 영어와 달리 진행형이 없습니다. 예컨대 현재 진행형을 표현하는 형태가 따로 없습니다. 현재 진행 시제를 표현하기 위해서는 현재형을 사용합니다. 현재형은 또 미래를 대신하는 표현으로도 사용합니다.

Es regnet.

Er schreibt eine Stunde lang einen Brief.

Ich komme morgen.

5 발음

지금까지 배운 발음 규칙을 이용해서 단어를 읽는 연습을 해 보겠습니다. 밑줄 친 부분에 주의하시면서 다음 단어들을 한 번 읽어 보세요.

sehr	eilig	hingehen
schicken	Österreich	Wetter
regnen	Regenschirm	donnern

6 Tipp

❑ 정관사 어미 변화

예문에서 '이 날씨에?'라는 뜻으로 사용된 Bei diesem Wetter?에서 diesem은 dies-가 어미 변화를 한 형태입니다. 중성 3격의 정관사 변화와 비슷한 어미 변화를 하고 있습니다. 이렇게 정관사처럼 어미 변화를 하는 대명사가 몇 가지 있습니다.

❑ 형용사 어미 변화

제13강에서 잠깐 설명한 것처럼 형용사는 뒤에 나오는 명사를 수식해 줄 때에 어미 변화를 합니다. 예문에서는 부정관사 + 형용사 + 남성 4격인 경우 형용사 어미 변화 형태를 보여 주고 있습니다.

einen großen Regenschirm

독일의 작은 마을 상트 페터의 한가운데입니다.

제15강

Ich will Ski fahren

1 기본 대화와 표현

A: Guten Tag, Anna!

B: Tag, Jens, wo gehst du hin?

A: Ich gehe zum Reisebüro.

B: Zum Reisebüro? Hast du in den Ferien etwas vor?

A: Ja, ich will Ski fahren.

B: Du willst Ski fahren? Im Sommer?

A: Ja, ich will in die Schweiz, nach Zermatt.
Da kann man auch im Sommer Ski fahren.

B: Das ist ja eine gute Idee. Wie kommt man nach Zermatt?

A: Ich will mit der Bahn fahren.

B: Warum denn? Du hast doch ein neues Auto, oder?

A: In Zermatt darf man das Auto nicht ins Dorf nehmen.

B: Sind Autos in Zermatt verboten?

A: Richtig. Man muss die Autos auf einem Parkplatz vor dem Ort parken.

B: Deswegen fährst du lieber mit der Bahn. Ich verstehe.

A: Ich fahre nicht allein, sondern mit meiner Familie, aber wenn du willst, kannst du mit uns fahren.

B: Nein, danke. Ich kann nicht mitfahren.
Ich habe leider zu viel Arbeit. Trotzdem danke.

A: Schade.

B: Na ja, so ist das Leben.

A: Viel Spaß bei der Arbeit!

B: Viel Spaß im Urlaub!

A: 안녕, 안나!
B: 안녕, 옌스, 어디 가는 길이야?
A: 여행사 가.
B: 여행사라고? 휴가 때 뭐 계획 있어?
A: 응, 스키 타러 가려고.
B: 스키를 타겠다고? 여름에?
A: 응, 스위스 체르마트로 갈 거야. 거기서는 여름에도 스키 탈 수 있거든.
B: 그거 좋은 생각이네. 체르마트에는 어떻게 가는데?
A: 난 기차 타고 가려고 해.
B: 대체 왜? 넌 새 차도 있는데, 안 그래?
A: 체르마트에서는 차를 마을로 가지고 들어갈 수가 없거든.
B: 체르마트에서는 자동차가 금지된 거야?
A: 맞아. 자동차는 거기 앞에 있는 주차장에 주차해 두어야 해.
B: 그래서 차라리 기차로 가는 거구나. 알겠어.
A: 난 혼자 가는 게 아니고 가족이랑 함께 가긴 하는데, 네가 좋다면 너도 우리와 함께 가도 돼.
B: 아냐, 고마워. 난 같이 못 가.
유감스럽게도 일이 너무 많아. 그래도 고마워.
A: 안됐네.
B: 뭐, 사는 게 그렇지 뭐.
A: 일 재미있게 해!
B: 휴가 재미있게 다녀 와!

약속 없이 우연히 만난 친구끼리 휴가 계획에 대해 질문하고 대답하는 대화입니다. 어떤 일을 하고 싶어 하고, 또 할 수 있거나 해야만 하는 상황, 그리고 해서는 안 되는 일들에 대해 이야기하는 상황이므로 다양한 화법 조동사가 나옵니다.

2 어휘

das Reisebüro 여행사
die Ferien 휴가
Ski fahren 스키 타다
im Sommer 여름에
die Reise 여행 + das Büro 사무실
der Ski[ʃi:] 스키
der Sommer 여름
die Schweiz 스위스

in die Schweiz　스위스로
eine gute Idee　좋은 생각
denn　㊀ 도대체
nehmen　㊂ 취하다, 갖다, 가져가다
ins Dorf　마을로
der Parkplatz　주차장
parken　㊂ 주차하다
der Ort　장소
lieber　㊁ 차라리, 더 좋은
müssen　㊂ ~ 해야 한다
möchten　㊂ ~ 하고자 한다
nicht dürfen　~ 해서는 안 된다
wenn　㊃ 만일 ~ 이라면
leider　㊀ 유감스러운
Schade!　아쉽다!
Viel Spaß!　즐겁게 지내!

die Idee　아이디어, 생각
mit der Bahn　기차를 타고
oder　㊃ 혹은, 또는
das Dorf　마을
verbieten　㊂ 금지하다, 금하다
auf dem Parkplatz　주차장에
richtig　㊁ 올바른, 옳은
deswegen　㊀ 그래서, 그 때문에
wollen　㊂ 원하다
können　㊂ ~ 할 수 있다
dürfen　㊂ ~ 해도 좋다
sollen　㊂ ~ 해야 한다, 마땅히 ~ 해야 한다
mitfahren　㊂ 함께 가다
trotzdem　㊀ 그럼에도 불구하고
der Spaß　즐거움, 기쁨, 재미

3 한 걸음 더

❑ Wie kommt man zu · nach · in ~?

Wie kommt man zur Post?
zum Stadtpark?
zum Schloss Neuschwanstein?
nach Berlin?
nach Frankreich?
in die Schweiz?

❑ 교통 수단의 이용

Ich will	mit der Bahn	fahren.
	mit dem Zug	
	mit dem Taxi	
	mit dem Auto	
	mit dem Bus	
	zu Fuß	gehen

Ich fahre mit der Bahn.
mit dem Zug
mit dem Taxi
mit dem Auto
mit dem Bus
gehe zu Fuß

❑ 화법 조동사의 사용

Ich will heute Nachmittag mit meiner Freundin ins Theater gehen.
Ich will den neuen Film von Nicole Kidmann sehen.

Ich möchte mit dir ins Restaurant gehen.
Möchtest du mitkommen?

Ich muss leider zu Hause bleiben.
Ich muss heute Abend die Hausaufgaben machen.

Kann ich mitfahren?
Darf
Soll
Muss

4 구조

❑ 화법 조동사

여러분은 앞에서 mögen과 sollen, 두 개의 화법 조동사를 보셨습니다. 화법 조동사들은 심상치 않은 어간의 변화를 보입니다. 예컨대 müssen 동사는 'ich muss…'로 활용됩니다. 그러나 그것은 단수 변화에서만이고, 복수형에서는 다행히도 본래의 모습을 잃지 않습니다. 그래서 화법 조동사 변화를 공부하는 요령은,

müssen ⇒ ich muss

이렇게 외우는 것입니다. 이 과에서 공부한 나머지 화법 조동사들의 변화를 이 요령으로 함께 공부하겠습니다.

sollen ⇒ ich soll

können ⇒ ich kann
müssen ⇒ ich muss
möchten ⇒ ich möchte
dürfen ⇒ ich darf
wollen ⇒ ich will
mögen ⇒ ich mag

이것을 바탕으로 화법 조동사들의 현재 인칭 변화를 다음 표로 정리해 보겠습니다.

	sollen	müssen	mögen	können	wollen	möchten
ich	soll	muss	mag	kann	will	möchte
du	sollst	musst	magst	kannst	willst	möchtest
er, es, sie	soll	muss	mag	kann	will	möchte
wir	sollen	müssen	mögen	können	wollen	möchten
ihr	sollt	müsst	mögt	könnt	wollt	möchtet
sie	sollen	müssen	mögen	können	wollen	möchten
Sie	sollen	müssen	mögen	können	wollen	möchten

화법 조동사에서 꼭 기억해 두어야 할 또 한 가지는 어순에 관한 것입니다. 화법 조동사는 문장의 두 번째 위치, 즉 정동사의 자리를 차지합니다. 그 외의 동사는 문장의 맨 뒤에 쓰게 됩니다. 다음의 예문들에서 화법 조동사의 위치, 그리고 나머지 동사의 위치를 잘 봐 두세요.

Ich will heute Nachmittag mit meiner Freundin ins Theater gehen.
Ich will den neuen Film von Nicole Kidmann sehen.

Ich möchte mit dir ins Restaurant gehen.
Möchtest du mitkommen?

Ich muss leider zu Hause bleiben.
Ich muss heute Abend die Hausaufgabe machen.

5 발음

❑ tz ⇒ [ts]

앞에서 Katze, geht's 등의 단어를 읽을 때에 이미 공부했었습니다. 이번 강에서 tz를 다음 어휘들을 읽으면서 연습해 보세요.

Katze Wie geht's trotz trotzdem

❑ dt ⇒ [t]

dt는 단순하게 [t]로 발음됩니다. 다음 단어들을 읽으면서 연습해 보세요.

Stadt Stadtpark Schmidt Verwandte

❑ 외래어

외래어들은 독일어의 발음 규칙과 다른 발음으로 읽는 경우가 많습니다. 이 강에서 나온 다음의 단어들은 지금까지 배운 규칙과 일치하지 않는 발음을 보여 주는 대표적인 경우에 해당합니다. 이런 경우에는 사전에서도 예외적으로 발음기호로 발음을 표기해서 보여 줍니다.

Ferien[feri:ən] Restaurant[rɛstorã] Ski[ʃi:]

6 Tipp

❑ 형용사 혼합 변화

부정관사 + 형용사 + 명사의 형태일 때 형용사는 소위 혼합 변화를 합니다. 단수 1격과 4격에서 정관사와 비슷한 어미 변화를 하고 그 외의 모든 경우에 어미 -en이 붙는 변화입니다. 다음을 보겠습니다.

eine gute Idee
ein neues Auto

❑ 부문장

예문의 'wenn du willst'는 부문장입니다. 부문장은 문장 맨 앞에 쓰이는 경우를 제외하고는 항상 쉼표(Komma)를 먼저 쓰고 뒤에 오게 됩니다. 그 외 부문장의 어순 규칙에 대해서는 후에 다시 자세히 공부하겠습니다.

❑ 상태수동

예문에 쓰인 'verboten (…) sind'는 상태 수동입니다. 여기에서는 다만 동사의 과거분사형과 sein 동사가 함께 쓰일 경우 ' ~ 해진 상태이다, ~ 해져 있다'로 해석할 수 있다고 이해하기 바랍니다.

Autos sind in Zermatt verboten.
In Zermatt sind Autos verboten.

마테호른의 모습입니다.

제16강

Wir möchten hier gern zelten

1 기본 대화와 표현

A: Wir möchten hier gern zelten.

B: Wie lange bleiben Sie?

A: Zwei Tage. Was kostet das?

B: Neun Euro für drei Personen.

A: Wohin sollen wir das Zelt stellen?

B: Stellen Sie es dort drüben, neben dem Baum.

A: Gut, wo findet man die Waschräume?

B: Gleich hinter der grünen Fahne.

A: Können wir uns dort duschen?

B: Ja, Sie können sich dort waschen und duschen.
Sie müssen aber zuerst ins Büro gehen und sich anmelden.

A: Danke, das tun wir.

A: 저희는 여기서 텐트를 쳤으면 하는데요.

B: 얼마나 계시는데요?

A: 이틀요. 얼마입니까?

B: 세 사람에 9유로입니다.

A: 텐트를 어디에 칠까요?

B: 저기 저쪽에 치세요, 나무 옆이요.

A: 알았습니다. 씻을 곳은 어디 있나요?

B: 푸른 깃발 바로 뒤에요.

A: 저기서 샤워도 할 수 있나요?

B: 네, 저기서 세면도 하고 샤워도 할 수 있어요.
한데 우선 사무실 가셔서 등록부터 하셔야 합니다.
A: 감사합니다, 그렇게 하지요.

이 강에서는 독일에서 여행하면서 텐트를 치고 야영을 하는 상황을 설정해서 연습해 보도록 하겠습니다. 특정한 장소를 가리키고 또 이동하는 모양을 설명하는 표현이 나오는데, 앞서 언급한 3·4격 지배 전치사에 대해 자세히 공부할 기회입니다.

2 어휘

möchten ㊍ ~ 하고자 한다
zelten ㊍ 텐트 치다
kosten ㊍ 가격이 ~ 이다
Was kostet das? 그것은 얼마입니까?
die Person 개인, 사람
dort drüben 저기 저쪽에
der Baum 나무
gleich ㊇ 바로, 막
die Fahne 깃발
sich duschen ㊍ 샤워하다
zuerst ㊇ 우선, 무엇보다도
sich anmelden ㊍ 등록하다, 신고하다
gern ㊇ 즐거이, 기꺼이
das Zelt 텐트
wie lange 얼마나 오래, 얼마나 오랫동안
der Euro 유로. 유럽 연합의 화폐 단위
stellen ㊍ 세우다, (세워)놓다
neben ㉶ ~ 옆에
der Waschraum 세면실
hinter ㉶ ~ 뒤에, ~ 뒤로(3·4격 지배 전치사)
können ㊍ ~ 할 수 있다
sich waschen ㊍ (몸을) 씻다
das Büro 사무실
tun ㊍ 하다, 행하다

❑ 색깔을 나타내는 말들

이 강에서 녹색을 의미하는 형용사 grün을, 색깔을 나타내는 형용사로서는 처음 접하게 되었습니다. 사물을 설명할 때 필수적으로 알아야 할 것 중 하나가 바로 색깔입니다. 이 강에서는 우선 몇 가지 색깔을 익히고 지나가도록 하겠습니다.

하얀	weiß
검은	schwarz
붉은	rot
푸른	blau
노란	gelb
녹색의	grün

3 한 걸음 더

❑ möchten … gern

화법 조동사 möchten은 원래 '~ 하고 싶다, ~ 하기를 원하다'라는 의미를 갖고 있지만 gern, gerne와 함께 쓰이면 그 의미가 보다 분명해지기도 하고 또 표현에 감칠맛이 더해지는 측면이 있습니다. 좀 더 부드러운 표현이 되면서도 의미 전달이 분명해지는 것이지요. 다음 문장들에 이 표현이 어떻게 쓰였는지 보겠습니다.

Wir möchten hier gern zelten.
Ich möchte gern hier bleiben.
Wir möchten gerne dir helfen.

❑ Was kostet das?

앞에서 물건 값을 물어 보는 표현을 배우셨지요. Was kostet das?라는 표현 외에 다음의 표현들도 물건 값을 묻기 위해 사용합니다. 의문사 Wieviel은 '얼마나 많은'이라는 의미입니다. 의문사 wie와 형용사 viel의 의미를 합한 것과 같습니다.

Wie viel kostet das?
Was verlangen Sie dafür?
Wie viel verlangen Sie dafür?

4 구조

❑ 부사로 쓰이는 4격 명사구

시간을 표현하는 4격 명사구는 부사로 쓰일 수 있습니다. 대화 중 zwei Tage는 형태만으로는 1격으로도, 4격으로도 보이는데 여기에서는 4격이며 '이틀 동안'이라는 의미의 부사로 쓰인 것입니다. 다음의 예들은 일상 생활에서 곧잘 사용되는 부사적 4격입니다.

einen Morgen
letzte Woche
ein Jahr
heute Abend
diesen Monat

❑ 3 · 4격 지배 전치사

전치사는 그 목적어가 일정한 격을 갖기를 요구합니다. 이것을 전치사의 격 지배라고 설명했었습니다. 그런데 전치사 중에는 경우에 따라 3격을, 또 경우에 따라서는 4격을 요구하는 전치사가 있습니다. 정적인 상태를 표현할 때에는 3격을, 동적인 동작을 표현할 때에는 4격을 씁니다. 예컨대

im(in dem) Restaurant는

'레스토랑에서'라는 정적인 상태를,

ins(in das) Restaurant는

'레스토랑으로'라는 동적인 상태를 표현하기 위해 사용합니다. 이와 같은 쓰임을 가진 전치사를 3 · 4격 지배 전치사라 부릅니다. 그 특성상 장소와 관련된 표현들이 3 · 4격 지배 전치사에 속합니다.

an, auf, neben, in, hinter, unter, über, vor, zwischen

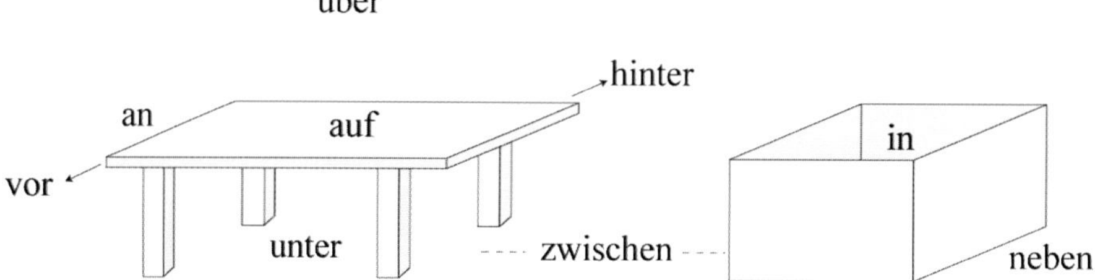

❑ wie lange

의문사 wie를 형용사와 함께 쓰면 '얼마나 ~'의 의미가 됩니다. 예컨대 대화 중의 wie lange는 영어의 how long에 해당합니다. 앞서 배운 'wie alt ~' 구문에도 같은 유형이 쓰였습니다.

Wie alt sind Sie?
Wie lange bleiben Sie hier?
Wie viel Geld haben Sie?
Wie groß ist er?

❑ 재귀 대명사

대화 중에 나온 sich duschen, sich waschen은 재귀 대명사와 함께 쓰이는 재귀 동사 어구입니다. 11강에서 재귀 동사에 대해 짧게 설명을 드리고 몇 가지 재귀 대명사를

공부했습니다. 재귀 대명사의 대표형을 sich로 쓰는 것은 sich가 재귀 대명사의 가장 흔한 형태이기 때문입니다. 11강에서 나왔던 재귀 대명사 4격에 나머지를 보충해서 다음의 표를 만들었습니다. 새로 공부하는 부분만 굵은 글씨로 썼습니다.

인칭 대명사 (1격)	재귀 대명사 (4격)	인칭 대명사 (1격)	재귀 대명사 (4격)	인칭 대명사 (1격)	재귀 대명사 (4격)
ich	**mich**	wir	uns		
du	**dich**	ihr	**euch**	Sie	sich
er, es, sie	sich	sie	sich		

5 발음

❑ ch ⇒ [ts] [k] [ʃ]

ch는 여러 가지로 발음됩니다. 외래어가 아닌 독일어 단어의 경우 [x] 혹은 [ç]로 발음됩니다.

[x]	auch	Bach	Buch	

그런데 외래어 어원을 가진 단어 혹은 고유명사가 ch를 포함하고 있으면 다음과 같이 다양하게 발음됩니다.

[k]	Café	Cousine	Christ	Chaos
[ʃ]	Chauffeur	Chcf	chic	Chancc
[ç]	Chemie	Charisma	China	Chirurg
[tʃ]	Chile	Chip		

6 Tipp

❑ 불변화사 aber

단어 aber는 '그러나'의 의미를 가진 접속사입니다. 역접 접속사인 것이지요. 그러나 aber가 난데없이 문장 중간에 쓰일 때에는 접속사로 쓰인 것이 아닙니다. 문맥과 반대되는 내용, 역접의 의미나 느낌을 담고 있기는 하지만 반드시 해석할 필요는 없습니다.

A: Kannst du mir bitte helfen?

B: Aber natürlich.

독일어에는 이런 표현이 종종 나옵니다. 우리말에는 없는 쓰임이기 때문에 꼭 해석할 필요가 없거나 해석이 불가능하지만 독일어를 모국어로 사용하는 사람들은 이 말들이 빠지면 매우 어색하거나 딱딱하게 느낄 수 있습니다.

알고이 지방의 조용한 전원 풍경입니다.

제17강

Ich brauche einen Pullover

1 기본 대화와 표현

A: Guten Tag! Darf ich Ihnen helfen?

B: Ja, gern. Ich brauche einen Pullover.

A: Für Sie?

B: Nein, ein Geschenk für meine Mutter.

A: Kommen Sie bitte hierher. Hier sind die Pullover.

B: Das hier finde ich sehr chic.

A: Gefällt es Ihnen?

B: Ja, sehr gut, aber wie gesagt, ich brauche ein Geschenk für meine Mutter. Meine Mutter mag dunklere Farbe.

A: Wie finden Sie das hier?

B: Oh, das ist gut. Wieviel kostet der Pullover?

A: Er ist sehr preiswert, nur € 34, 99.

B: Gut, ich nehme ihn. Haben Sie eine andere Größe? Ich meine, Größe 40?

A: Ja, das haben wir. Hier ist Größe 40.

B: Danke.

A: Haben Sie noch einen anderen Wunsch?

B: Ja, ich möchte auch Kinderschuhe kaufen.

A: Die Kinderabteilung ist einen Stock tiefer. Dort finden Sie welche.

B: Vielen Dank!

A: 안녕하세요! 제가 좀 도와 드려도 될까요?

B: 네, 좋아요. 풀오버가 하나 필요해요.

A: 손님이 입으실 건가요?
B: 아뇨, 어머니께 드릴 선물이에요.
A: 이쪽으로 오세요. 여기 풀오버들이 있습니다.
B: 여기 이거 멋있네요.
A: 그게 마음에 드십니까?
B: 네, 아주 제 마음에는 드는데 말씀드렸다시피 어머니 선물을 고르는 거라서요. 저희 어머니는 좀 더 어두운 색을 좋아하시거든요.
A: 여기 이건 어떠세요?
B: 오, 그거 좋네요. 그건 얼마인가요?
A: 매우 저렴하게 나왔어요. 34유로 99센트입니다.
B: 좋네요. 그것으로 할게요. 다른 사이즈가 있으세요? 제 말은, 사이즈 40이요.
A: 네, 있습니다. 여기 사이즈 40짜리가 있네요.
B: 감사합니다!
A: 또 다른 거 필요하신 거 있습니까?
B: 네, 아이들 신발을 좀 사려고 하는데요.
A: 아이들 코너는 한 층 아래에 있습니다. 거기 가시면 신발이 있습니다.
B: 감사합니다.

이 강에서는 상점에서 필요한 물건을 사기 위한 대화를 공부하겠습니다. 가격이나 물건의 사이즈에 대한 표현을 배울 수 있습니다.

2 어휘

Ich möchte ~ 하고 싶습니다
brauchen ⓢ ~ 을 필요로 하다
das Geschenk 선물
hier ⓟ 여기에
gefallen ⓢ ~ 에게 마음에 들다
dunkel ⓗ 어두운
dunklere Farbe 비교적 어두운 색
wie viel 얼마나 많은
der Euro 유로
nehmen ⓢ 취하다, 집다, 가져가다
Ich hätte gern ~ 를 가졌으면(했으면) 합니다
der Pullover 스웨터
hierher ⓟ 여기로, 이쪽으로
chic ⓗ 우아한, 멋진
wie gesagt 이미 말한 바와 같이
die Farbe 색깔
kosten ⓢ 값이 ~ 이다, ~ 의 값을 치르다
nur ⓟ 단지, 오직
der Cent[sɛnt] 센트
ander ⓗ 다른

die Größe 크기, 사이즈
noch ㊤ 아직도, 여전히
die Kinderschuhe 어린이 신발
die Kinderabteilung 어린이 코너
runter ㊤ 아래로, 아래쪽으로
welche ㊥ 어떤
finden ⓢ 발견하다, ~ 를 ~ 라고 생각하다, 여기다
dunkler ㊢ 어두운 계통의(dunkel의 절대 비교급)
preiswert ㊢ 저렴한(가격 대비 품질이 뛰어난)
Wieviel kostet das? 그것은 얼마입니까?
Ich nehme das 그것을 택하겠습니다, 그것으로 하겠습니다
Haben Sie eine andere Größe? 다른 사이즈 있습니까?

meinen ⓢ 말하다, 생각하다
der Wunsch 희망, 소망
kaufen ⓢ 사다
der Stock (건물의) 층
herunter ㊤ 여기 아래쪽으로

❑ Größe

옷이나 신발 등을 사러 가면 사이즈를 고르게 되지요. 독일어로 이 사이즈에 해당하는 말이 die Größe입니다.

3 한 걸음 더

Darf ich Ihnen helfen?
Guten Tag! Kann ich Ihnen helfen?
Darf ich Ihnen behilflich sein?

Ja, gern. Ich möchte eine Bluse kaufen.
Gern! Haben Sie auch Herrenhemd?
Nein, danke. Ich schaue mich nur um.

☞ 상점에 가서 물건을 고르고 있을 때 점원이 다가와 묻는 말, 그리고 대답할 수 있는 말들입니다. 여러 가지 조합을 만들어서 대화를 연습해 보세요.

Diese Brille gefällt mir.
Diese Tasche
Das Bild
Dieser Pullover

☞ 어떤 사물이나 대상이 마음에 든다는 표현입니다.

Gefällt es dir?
Ihnen?
euch?
deiner Mutter?

☞ 의문문의 어순을 다시 한 번 익혀 두기 바랍니다.

A: Guten Tag, Frau Lee! Was darf es sein?
B: Guten Tag, Herr Fischer!
Haben Sie Äpfel?

A: Ja, heute habe ich ganz frische Äpfel.
B: Fünf Stück, bitte.
A: Sonst noch etwas?
B: Dann möchte ich ein Kilo Trauben bitte.
A: Diese da?
B: Ja, das ist gut.

4 구조

❑ 숫자

앞에서 1부터 100까지의 숫자를 배웠습니다. 이번 강에서도 그보다 큰 숫자는 일단 나오지 않습니다. 그러나 돈에 관해 공부하면서 숫자를 복습하며 큰 숫자를 말하는 법을 함께 공부하겠습니다.

100이 넘는 숫자는
100단위 + 나머지 숫자

이렇게 읽습니다. 예를 들어 보겠습니다.

789 ⇒ siebenhundertneunundachtzig

계속 이런 식으로 올라가다가 1 000이 되면 단위가 달라집니다.

1 000 tausend
1 000 000 eine Million
1 000 000 000 eine Milliarde

1 000을 넘어가는 숫자는 세 자리씩 끊어서, 앞서 말한 세 자리 수를 읽는 방식으로 읽은 다음 Tausend, Million 등을 붙여 주는 것입니다. 예를 들어 보겠습니다.

123 456 ⇒ einhundertdreiundzwanzigtausendvierhundertsechsundfünfzig

❑ 화폐

독일의 화폐는 유럽 연합이 함께 사용하는 유로(Euro)입니다. 독일어로는 [ɔIro]라 읽습니다. 유로보다 작은 화폐 단위는 센트(Cent)입니다.

1 Euro = 100 Cent

쓸 때에는 예문에서처럼 아래와 같이 쓰고 읽을 때에는 Cent 단위는 읽지 않습니다.

€ 34, 99 ⇒ vierunddreißig Euro neunundneunzig

만일 유로 단위가 없이 Cent만 있는 경우에는 Euro는 읽지 않고 Cent만 읽습니다.

❑ 정관사의 격 변화

지금까지 정관사의 변화를 여러 과에 걸쳐서 보셨습니다. 성과 수, 격에 따라 다양한 변화를 하는 것을 공부했습니다. 여기에서는 지금까지 배운 정관사 변화를 일목요연하게 표로 정리했습니다. 단! 2격은 지금까지 배운 적이 없기 때문에 비워 놓겠습니다.

	남성	여성	중성	복수
1격(주격)	der	die	das	die
2격(소유격)				
3격(여격)	dem	der	dem	den
4격(목적격)	den	die	das	die

❑ 동사의 격 지배

동사는 일정한 격을 가진 보족어를 요구합니다. 모든 동사는 주격 보족어, 즉 주어를 필요로 합니다. 주어가 없으면 그 동사가 포함된 문장이 올바른 문장이 될 수 없습니다. 또 우리가 흔히 타동사라 부르는 동사는 4격 목적어가 꼭 있어야만 함께 뜻이 통하는 문장을 만들 수 있습니다.

Ich liebe.

위 문장을 보면 무언가 잘못되었다, 혹은 무언가 생략된 상태라는 느낌을 받을 겁니다. 목적어, 즉 4격 보족어가 없이 타동사 혼자 쓰였기 때문입니다.

Ich liebe dich.

이렇게 해야 뜻이 통하는 문장이 될 수 있지요. 보족어가 어떤 개념인지 이제 어느 정도 이해할 것입니다. 독일어의 동사들이 대략 어떤 격을 지배할지 어느 정도 예상할 수는 있습니다. 예컨대 lieben, machen, haben은 그 의미상 타동사이고 4격 목적어를 필요로 할 것이라는 예측을 할 수 있습니다. 또 sein, werden은 목적어를 필요로 하지 않는 자동사라는 것도 우리의 직관과 틀리지 않습니다. 그러나 애석하게도 독일어의 어떤 동사는 우리의 직관과는 다른 격 지배를 합니다.

Er fragt mich.

Ich helfe dir.

'묻다'와 '돕다'는 우리말 어감으로는 각각 3격과 4격을 요구할 것처럼 생각됩니다만, 그 반대입니다. 특히 우리말과 차이를 보이는 표현을 잘 익혀 두기 바랍니다.

5 발음

❏ ck ⇒ [k]

철자 ck는 [k]로 발음됩니다. c의 발음은 무시해도 되겠습니다. 다음의 단어를 발음해 보세요.

Stock dick Stück trocken

6 Tipp

❏ 형용사의 비교급과 형용사 어미 변화

독일어도 영어처럼 형용사가 어미 변화를 해서 비교급, 최상급으로 쓰일 수 있습니다. 그 어미 변화도 영어와 상당히 비슷해서 우리 눈에 익숙한 형태인지라 그리 어렵지 않습니다. 다음의 예문에서는 형용사 dunkel의 비교급 dunkler가 쓰였습니다.

Meine Mutter mag dunklere Farbe.

형용사의 비교급 변화에 대해서는 후에 다시 다루겠지만, 우선 여기에서는 형용사의 비교급이 다시 어미 변화를 하고 있는 점을 눈여겨보기 바랍니다. 비교급에 이미 어미가 붙었는데 거기 또 다시 어미가 붙는다는 게 상당히 부담스러운 변화이기는 합니다. 또 한 가지! 형용사 dunkel에 어미 -er가 붙어 비교급이 되었으리라는 짐작을 하게 하면서도 단순하지 않은 변화가 눈에 띄일 겁니다.

dunk**e**l + **e**r

여기에서 굵은 글씨로 쓴 모음 e가 겹쳐 사용되고 있는 것을 볼 수 있습니다. 이런 발음은 쉽지 않기 때문에 앞의 모음 e를 하나 생략하는 것입니다.

제18강

Was mache ich an einem normalen Tag?

1 기본 대화와 표현

Was mache ich an einem normalen Tag? Ja, ich schlafe normalerweise schon früh ein. Morgens wache ich auch früh auf und stehe um sechs Uhr auf. Ich wohne zusammen mit meinem Bruder Martin in einer alten Wohnung in Berlin. Im April ziehen wir um, da unsere Wohnung zu alt ist. Martin arbeitet bei einer Firma und ist wochentags sehr beschäftigt. Deswegen muss ich eigentlich einkaufen, aber das kann ich jetzt nicht mehr. Ich bin jetzt im elften Semester und muss mich langsam aufs Examen vorbereiten. Ich gehe morgens früh in die Bibliothek und lerne dort über 6 Stunden lang. Abends komme ich sehr müde heim. Am Wochenende kaufen wir zusammen ein, räumen die Wohnung auf und waschen die Wäsche.

내가 보통 때에 무엇을 하느냐고? 그래, 나는 대개 일찌감치 잠이 들지. 아침에도 역시 일찍 잠이 깨서 6시면 일어나. 난 내 형인 마틴과 베를린에 있는 오래된 집에 살아. 집이 너무 낡아서 4월에 우리는 이사를 할 거야. 형은 한 회사에서 일하고 있고 주중에는 매우 바쁘지. 그래서 원래는 내가 장을 봐야 하지만 지금은 더 이상 그걸 할 수가 없어. 지금 나는 11학기째이고 이제 슬슬 국가고시를 준비해야 하거든. 나는 아침 일찍 도서관에 가서 거기서 여섯 시간 이상 공부를 해. 저녁이면 나는 몹시 피곤해서 집에 돌아오지. 주말에 우리는 함께 장을 보고 집을 청소하고 그리고 빨래를 해.

2 어휘

an ㉑ ~ 옆에(3 · 4격 지배 전치사)
normalerweise ㊝ 대개, 보통
morgens ㊝ 아침마다, 아침에
zusammen ㊝ 함께, 같이
umziehen ㊍ 이사하다
beschäftigt ㊖ 바쁜
eigentlich ㊝ 원래는
jetzt ㊝ 이제, 지금
langsam ㊖ 천천히
das Examen 국가고시, 시험
morgens früh 아침 일찍
dort ㊝ 거기에, 거기에서
abends ㊝ 저녁에, 저녁이면
müde ㊝ 피곤한, 졸린
aufräumen ㊍ 청소하다
die Wäsche 빨래, 빨랫감
in der Woche 주중에, 평일에
über ㉑ ~ 의 위에, ~ 위쪽으로(3 · 4격 지배 전치사)
einschlafen ㊍ 잠이 들다
früh ㊖ 일찍
aufwachen ㊍ 잠에서 깨다, 일어나다
aufstehen ㊍ 일어나다, 자리에서 일어서다
wochentags ㊝ 주중에(주말을 제외한 평일에)
deswegen ㊝ 그래서
einkaufen ㊍ 쇼핑하다, 장을 보다
nicht mehr 더 이상 ~ 아니다
im elften Semester 열한 번째 학기에
sich auf 4격 vorbereiten ~ 을 준비하다
die Bibliothek 도서관
die Stunde 시간
heimkommen ㊍ 집에 가다, 고향으로 가다
am Wochenende 주말에
waschen ㊍ 씻다
am Tag 낮에, 낮 동안에

3 한 걸음 더

본문의 텍스트를 대화로 옮겨 놓은 것입니다. 한 사람이 서술하는 방식으로 만들어진 텍스트를 대화로 옮겨 놓으니 어색한 부분이 없지 않습니다. 내용에 집중하지 마시고, 이야기가 대화로 바뀌었을 때 어순의 차이, 묻고 대답하는 방식을 잘 보고 익히기 바랍니다.

A: Was tust du jeden Tag?
B: Was ich an einem normalen Tag mache?
A: Ja, schläfst du z. B. früh ein?
B: Ja, ich schlafe normalerweise schon früh ein.
A: Wann wachst du auf?
B: Ich wache morgens auch früh auf.

A: Wann stehst du auf?

B: Ich stehe um sechs Uhr auf.

A: Wo wohnst du? Wohnst du allein?

B: Ich wohne in einer alten Wohnung in Berlin, mit meinem Bruder.

A: Ihr wohnt in einer alten Wohnung. Möchtet ihr nicht umziehen?

B: Doch, wir wollen im April umziehen.

A: Was macht dein Bruder?

B: Er arbeitet bei einer Firma.

A: Macht ihr den Haushalt zusammen? Wer kauft ein?

B: Eigentlich muss ich einkaufen, aber jetzt kann ich das nicht mehr. Ich bin auch sehr beschäftigt.

A: Warum bist du so beschäftigt?

B: Ich bereite mich auf das Examen vor.

A: Wie viele Stunden lernst du pro Tag?

B: Über 6 Stunden. Ich gehe morgens früh in die Bibliothek und erst abends komme ich nach Hause. Da bin ich sehr müde.

A: Was macht ihr am Wochenende?

B: Am Wochenende kaufen wir zusammen ein, räumen die Wohnung auf und waschen die Wäsche.

☞ 분리 동사가 쓰인 다음의 예문들에서 전철의 위치를 잘 보아 두기 바랍니다. 전철은 문장의 어순과 상관 없이 항상 맨 뒤에 위치합니다.

Wann wachst du auf?

Wann stehst du auf?

Wer kauft ein?

4 구조

❑ 분리 동사 · 비분리 동사

제9강에서 분리 동사에 대해 잠깐 공부했습니다. 분리 동사는 쉽게 말해 분리 전철이 포함된 동사라고 했습니다. 그렇지만 어떤 동사를 보고 분리 동사인지 아닌지 알아내는 것은 쉽지 않습니다. 첫째, 전철을 제외한 나머지 부분, 즉 동사에 대해 어느 정도 지식이 있어야 합니다. 동사 auffallen에서 auf가 전철이라는 것을 알 수 있으려면 fallen이 동사라는 것을 알아야 하는 것이지요. 둘째로, 분리 전철인지 비분리 전철인지 알 수 있어야 합니다.

첫 번째 문제는 시간만이 해결해 줄 수 있습니다만, 두 번째 문제는 의외로 쉽게 해결할 수 있습니다! 독일어의 비분리 전철은 그 수가 한정되어 있습니다. 다음의 몇 가지만 외우면 됩니다.

be-, ge-, ent-, emp-, er-, ver-, zer-, miss-

이 강에서는 여러 가지 분리 동사가 나왔습니다. 본문에 쓰인 einschlafen aufwachen, aufstehen, umziehen, einkaufen 등은 일상 생활에서 자주 쓰이는 표현이니 잘 기억해 두기 바랍니다.

❑ 어순

분리 전철은 문장 맨 뒤에 쓰인다고 했습니다. 한편 화법 조동사가 쓰인 문장에서 분리 동사는 어떻게 될까요? 화법 조동사가 있으면 나머지 동사는 문장 맨 뒤에 쓰인다고 했는데 말입니다. 예를 들어 aufstehen 동사가 포함된 문장을 보겠습니다.

Ich stehe immer früh auf.

그런데 화법 조동사가 있는 문장에서는 분리 전철이 동사와 분리되지 않습니다.

Ich muss immer früh aufstehen.

이렇게 써야 합니다. 이것만 잘 기억해 두면 됩니다. 다음의 예문을 보면서 분리 전철의 위치를 익히세요.

Ich schlafe nur schwer ein.
Schläfst du immer so früh ein?
Anna wacht jeden Morgen früh auf.
Ich möchte nicht so früh aufstehen.
Kannst du nicht ein bisschen früher aufstehen?
Stehen Sie früher auf!

❑ 전치사의 다양한 쓰임

이 강에서는 또 다양한 전치사들이 사용된 것을 보았습니다. 다음의 시간 전치사구를 잘 보고 어떤 원칙에 따라 이 전치사들이 쓰인 것인지 추측해 보세요.

um sechs Uhr
an einem normalen Tag
am Wochenende
in der Woche
im April

네, 시간 단위가 커짐에 따라 전치사가

um ⇒ an ⇒ in

으로 변해 가는 것을 볼 수 있습니다. 하루 이하의 단위인 Morgen, Tag 등에는 an을 쓰는데 일주일이 되면 in der Woche에서처럼 in을 씁니다. 그렇다면 주말은 어떻게 될까요? 주말은 금요일부터 시작해서 토요일, 일요일을 포괄하는 개념이고 an을 씁니다.

am Wochenende

에서 볼 수 있듯이요. 이보다 큰 시간 단위에는 모두 in을 씁니다. 뒤에 배우게 될 계절에도 in을 씁니다.

5 발음

❏ th ⇒ [t]

이 발음 규칙은 앞에서 이미 공부했습니다. 이 강에는 그 규칙에 따르는 어휘를 하나 더 발견할 수 있습니다. 바로 Bibliothek입니다. 다음의 예들을 함께 읽어 보겠습니다.

Themen Pathos Apotheke Diskothek

❏ x ⇒ [ks]

x는 [ks]로 발음됩니다. 철자 chs와 같지요. 다음 단어를 발음하면서 연습해 보세요.

Examen Praxis Text Taxi

6 Tipp

❏ 부문장

영어의 절(Clause)에 해당하는 것을 독일어에서는 부문장이라고 합니다. 앞서 잠깐 이에 대해서만 설명하고 부문장에서 일어나는 변화에 대해서는 전혀 언급하지 않았습니다. 본문 중의 예문

Im April ziehen wir um, da unsere Wohnung zu alt ist.

에서 볼 수 있듯이 부문장 안에서는 동사의 위치가 주문장과 달라집니다. 맨 뒤에 있습니다. 그런데 다음 문장을 보면 꼭 그렇지 않다는 생각이 들기도 합니다.

(…), aber jetzt kann ich das nicht mehr.

위의 예문에서 동사는 두 번째 위치를 굳건히 지키고 있습니다. 그것은 절의 종류가 첫 번째 문장과 다르기 때문입니다. 독일어에서 부문장이라고 하면 등위절을 제외한 개념입니다. 등위절을 이끄는 접속사는 다음의 네 가지가 있습니다.

aber, und, oder, denn

☞ 영어의 절과 독일어의 부문장이 사실 일대일 대응이라고는 할 수 없습니다. 영어에서 주절은 절 안에 들어가는 개념인데 독일어에서는 주절에 해당하는 것이 주문장이라고 해서 부문장과 대립되는 개념입니다. 또한 영어의 절에는 등위절도 포함되는데 독일어에서는 그렇지 않습니다.

❑ 서수

예문에 쓰인 'im elften Semester(11학기째에 있는)' 안에 포함된 elften은 우리가 잘 알고 있는 수사 elf와 비슷하게 보이는데 뒤에 뭔가가 잔뜩 붙었습니다. 우선 elf + t는 서수입니다. 그리고 서수가 되면 수사는 형용사처럼 변화하게 됩니다. 그래서 형용사 변화 어미 –en이 붙어 위와 같은 형태가 된 것입니다. 서수가 항상 어미 –t가 붙는 것은 아닙니다. 20 이상의 숫자에는 –st가 붙습니다.

베를린 운터덴린덴 거리의 풍경

제19강

Wir gehen ins Kino

1 기본 대화와 표현

A: Sven, Martin, hallo! Was macht ihr am Samstag?

B: Wir gehen ins Kino, am Abend.

A: Schön! Läuft was Schönes im Kino?

C: Ja, der neue Film von Joon-Ick Lee läuft zur Zeit. Ich persönlich mag seine Filme so sehr.

A: Ich finde seine Filme auch toll. Sein berühmter Film „Der Mann vom König“ gefällt mir besonders gut.

B: Das ist gut! Der neue Film muss dir auch gefallen.
Kommst du mit?

A: Sehr gern. Kommt eure Freundin So-young auch mit?

C: Aber natürlich! Sie ist ein Fan von Regisseur Lee.

A: Und kommt dein Freund Markus auch mit, Sven?

B: Das weiß ich noch nicht. Ich habe seine Telefonnummer nicht. Hast du seine Nummer?

A: Ja, ich habe sie. Soll ich ihn anrufen und fragen?

B: Das ist sehr nett von dir, danke! Martin, können wir mit deinem Auto fahren?

C: Äh, das ist nicht ganz einfach.

B: Was soll denn das? Warum?

C: Mein Auto ist nicht ganz in Ordnung. Aber Markus hat auch ein Auto. Vielleicht können wir sein Auto nehmen.

A: Aber wir müssen ihn zuerst fragen!

A: 스벤, 마틴 안녕! 너희들 토요일에 뭐 할 거야?

B: 우린 극장 갈 거야, 저녁에.

A: 좋겠네. 극장에서 뭐 좋은 영화 하고 있어?

C: 응, 요즘 이준익 감독의 새 영화 하고 있어. 난 개인적으로 그 감독의 영화를 무척 좋아해.

A: 나도 그 감독 영화 굉장히 좋다고 생각해. 그 사람의 유명한 영화, 〈왕의 남자〉가 난 마음에 들어.

B: 그 영화 좋지. 새 영화도 네 마음에 들 거야. 너도 같이 갈래?

A: 너무 좋지. 너희 친구 소영도 같이 가니?

C: 그야 당연하지. 이 감독 팬이야.

A: 그리고 네 친구 마르쿠스도 함께 가니?

B: 그걸 나도 모르겠어. 내가 걔 전화번호를 모르거든. 너 걔 번호 있니?

A: 응, 나한테 있어. 내가 전화해서 물어 볼까?

B: 그렇게 해 주면 정말 친절한 일이지, 고마워. 마틴, 우리 네 차를 타고 갈 수 있을까?

C: 에… 그게 그렇게 간단하지가 않아.

B: 그게 무슨 소리야? 왜?

C: 내 차가 잘 작동이 안 돼. 하지만 마르쿠스도 차가 있어. 우린 걔 차를 탈 수 있을 거야.

A: 하지만 우린 걔한테 먼저 물어 봐야 해.

친구들이 서로 의논해서 주말에 극장에 갈 약속을 정하는 대화입니다. 서로의 친구들에 대한 이야기, 감독의 작품에 대한 이야기, 타고 갈 차를 계획하고 준비하는 대화의 성격상 소유 대명사가 반복해서 나옵니다. 실제로 일상적인 대화를 나누기 위해 꼭 알아야 할 문법 사항이므로 이 강에서 잘 익혀 두고 사용하기 바랍니다.

2 어휘

der Samstag 토요일

laufen ⓢ 뛰다, 걷다, (영화가) 상영되다

zur Zeit 현재로서는, 지금은

toll ⓗ 멋진, 굉장한

mitkommen ⓢ 함께 가다(오다)

am Samstag 토요일에

der Film 영화

persönlich ⓗ 개인적으로

berühmt ⓗ 유명한, 잘 알려진

natürlich ⓗ 자연스러운, 물론, 당연히

der Fan 팬, 추종자
fragen ⓢ 묻다(4격 지배 동사)
einfach ⓗ 단순한, 소박한
was Schönes(etwas Schönes) 뭔가 멋진 것
finden ⓢ 발견하다. ~ 를 ~ 하다고 생각하다
gefallen ⓢ ~ 에게 마음에 들다(3격 지배 동사)
die Telefonnummer 전화번호(간단히 Nummer라고도 합니다)
funktionieren ⓢ 기능하다, 잘 되어가다
anrufen ⓢ 전화하다(4격 지배 동사)
nett ⓗ 친절한, 귀여운, 착한
zuerst ⓑ 우선

❏ 요일

Montag	월요일
Dienstag	화요일
Mittwoch	수요일
Donnerstag	목요일
Freitag	금요일
Samstag, Sonnabend	토요일
Sonntag	일요일

☞ 요일은 모두 남성입니다. Mittwoch만 제외하고는 모두 Tag과 합성한 명사입니다.

3 한 걸음 더

이번 강에서는 소유 대명사의 어미 변화에 대해 연습합니다. 먼저 '구조' 편을 공부하고 '한 걸음 더'를 공부하기 바랍니다. 다음은 소유 대명사가 여러 가지 수와 성의 명사와 함께 문장에서 다양한 격으로 사용되는 예들입니다.

1격
Mein Vater ist jung. (남성 1격)
Hier ist deine Tasche. (여성 1격)
Das ist unser Zimmer. (중성 1격)
Seine Kinder sind noch sehr jung. (복수 1격)

3격
Das Wetter gefällt meinem Freund nicht. (남성 3격)
Er hilft seiner Mutter. (여성 3격)

Das gehört meinem Kind. (중성 3격)
Bring bitte meinen Eltern das Buch. (복수 3격)

4격
Siehst du dort meinen Biergarten? (남성 4격)
Ich liebe deine Katze. (여성 4격)
Ich sehe sein schönes Haus. (중성 4격)
Ich finde deine Schuhe sehr elegant. (복수 4격)

4 구조

❑ 소유 대명사

앞의 제4강과 제7강에서 소유 대명사가 영어의 소유격에 해당하는 대명사라는 것, 그리고 부정관사처럼 어미 변화를 한다는 것을 공부했습니다. 그런데 '부정관사처럼 어미 변화' 한다는 것이 정확하게 어떻게 변화한다는 것일까요? 그리고 부정관사는 복수가 없는데 소유 대명사는 복수 명사 앞에 올 수 있다는 것을 생각한다면, 그런 경우의 어미 변화는 어떻게 되는지도 궁금할 것입니다. 그런 경우에는 정관사 복수 변화를 이용합니다. 우선 부정관사와 정관사의 격 변화를 정리해 보겠습니다.

	남성	여성	중성	복수
1격	ein	eine	ein	die
2격				
3격	einem	einer	einem	den
4격	einen	eine	ein	die

이 변화표에서 어미 변화 하는 부분만 따로 표시해 보겠습니다.

	남성	여성	중성	복수
1격	ein_	eine	ein_	die
2격				
3격	einem	einer	einem	den
4격	einen	eine	ein_	die

위의 표에서 굵은 글씨로 표시된 어미 변화 부분만 남기고 나머지를 제외시키면 다음과 같은 표가 만들어집니다.

	남성	여성	중성	복수
1격	–	–e	–	–e
2격				
3격	–em	–er	–em	–en
4격	–en	–e	–	–e

이제 어떤 소유 대명사이든 이 표에 넣으면 수와 성, 격에 맞는 어미 변화를 시킬 수 있게 됩니다. 먼저 부정관사와 비슷한 형태이고 변화가 비교적 쉽게 느껴지는 소유 대명사 mein을 변화시켜 보겠습니다.

	남성	여성	중성	복수
1격	mein	meine	mein	meine
2격				
3격	meinem	meiner	meinem	meinen
4격	meinen	meine	mein	meine

kein도 이와 같은 어미 변화를 합니다.

	남성	여성	중성	복수
1격	kein	keine	kein	keine
2격				
3격	keinem	keiner	keinem	keinen
4격	keinen	keine	kein	keine

다른 소유 대명사도 같은 어미 변화를 합니다. 그런데 그 이전에 우리가 지금까지 공부한 것 외에, 모든 인칭 대명사의 소유 대명사 형태를 먼저 정리해 보겠습니다.

ich	mein	wir	unser		
du	dein	ihr	euer	Sie	Ihr
er	sein	sie	ihr		
sie	ihr				
es	sein				

5 발음

❑ tion ⇒ [tsio:n]

철자 –tion은 [tio:n]이나 [ʃən]이 아니라 [tsio:n]으로 발음됩니다. 스스로 발음을 해 보세요. 구개음으로 발음하는 것이 뒤에 오는 모음 [i]를 발음하기 편하게 해 준답니다. 발음의 규칙이란 사실 이처럼 발음하기 쉽게 하려고 만들어진 것이지요. 다음의 단어를 함께 읽어 보겠습니다.

Lektion　　Nation　　Station　　funktionieren

6 Tipp

❑ 소유 대명사 euer

복수 이인칭 대명사 ihr의 소유 대명사는 euer입니다만, 앞에서 예를 들어 설명하지 않았습니다. 이 대명사는 -er로 끝나기 때문에 뒤에 어미가 붙을 때 다른 소유 대명사와는 조금 다르게 변화하는 특징이 있습니다. 이에 대해서는 다음 기회에 다시 자세히 설명하겠습니다.

베를린의 게데히트니스 교회. 전쟁의 상흔이 남아 있는 모습을 보존하여 있는 그대로 보여줌으로써 전후 세대에게 전쟁에 대한 경각심을 갖게 합니다.

제 20 강

Ich habe keine Zeit

1 기본 대화와 표현

A: Morgen, Anna, gut geschlafen?

B: Morgen, Mutti! Nein, ich bin noch müde.

A: Warum lernst du die ganze Nacht lang? Du siehst wirklich müde aus!

B: Heute Nachmittag habe ich eine Klausur, in Anatomie.

A: Du Arme! Wann genau hast du denn die Prüfung?

B: Um Viertel nach zwei. Wie spät ist es jetzt?

A: Es ist erst halb acht. Komm! Du musst was essen.

B: Mutti, ich habe gar keinen Hunger.

A: Du bist ja ganz schön nervös. Trotzdem musst du was essen.

B: Außerdcm habc ich auch keine Zeit.

A: Warum? Du hast noch über sechs Stunden Zeit!

B: Bis zur Prüfung. Ich habe aber vorher eine Verabredung mit Martin, in der Bibliothek.

A: Um wie viel Uhr?

B: Um neun. Ich hab' jetzt nur noch eine Stunde.

A: Eineinhalb Stunden. Komm her!

B: Mutti, ich habe überhaupt keine Zeit und auch keinen Hunger. Ich muss noch lernen!

A: Du kannst ganz ruhig weiter lernen, wenn du zuerst was isst.

B: Na, gut! Dann trinke ich ein Glas Orangensaft.

A: 안녕, 안나, 잘 잤니?
B: 안녕히 주무셨어요, 엄마! 아뇨, 전 아직도 졸려요.
A: 왜 밤새도록 공부를 하고 그러니? 너 진짜 피곤해 보인다.
B: 오늘 오후에 시험이 하나 있어요, 해부학에서요.
A: 딱한 것! 정확히 몇 시에 시험인데?
B: 2시 15분이요. 지금 몇 시예요?
A: 아직 7시 반이야. 이리 오렴! 너 뭐 좀 먹어야겠다.
B: 엄마, 저 배 하나도 안 고파요.
A: 너무 신경이 날카로워서 그런 거지. 그래도 뭘 좀 먹긴 해야 해.
B: 게다가 시간도 없구요.
A: 왜? 너 아직도 여섯 시간 이상이나 시간 있어!
B: 시험까지는 그렇죠. 그런데 마틴하고 약속이 있어요, 도서관에서요.
A: 몇 시에?
B: 9시에요. 저 이제 한 시간밖에 없어요.
A: 한 시간 반이지. 이리 오렴!
B: 엄마, 저 정말 시간 없고요, 배도 안 고파요. 저 더 공부해야 해요.
A: 방해받지 않고 계속 공부할 수 있어, 먼저 뭘 먹는다면.
B: 네, 알았어요! 그러면 오렌지 주스 한 잔 마실게요.

2 어휘

geschlafen 동사 schlafen의 과거분사
noch ㊇ 아직도, 여전히
ganz ㊇ 완전한, 매우
aussehen ㊍ ~ 로 보이다, ~ 처럼 보이다
die Anatomie 해부학
die Prüfung 시험
halb ㊎ 절반, 반
der Hunger. 배고픔, 굶주림
nervös ㊎ 신경이 날카로운, 예민한
außerdem ㊇ 그 외에도
die Verabredung 약속
Mutti 엄마. Mutter의 줄임말
müde ㊎ 피로한, 졸린, 지친
wirklich ㊎ 정말로
die Klausur 시험, 쓰기 시험
genau ㊎ 정확한
Viertel 15분, 4분의 1
was ㊋ 무엇이, 무엇을
vielleicht ㊇ 아마도
trotzdem ㊇ 그럼에도 불구하고
die Stunde 시간
überhaupt ㊇ 전체적으로, 대체로

ruhig ⓗ 고요한, 조용한
das Glas 유리, 유리잔
die Arme 형용사 arm의 명사형, 가엾은 여자
weiter ⓗ 더 넓은, 더 나아가, 계속
der Orangensaft 오렌지 주스

3 한 걸음 더

❑ 시간 표현과 전치사

A: Wann stehst du auf?

B: Ich stehe um sieben auf.
um halb sieben
gegen acht Uhr
zwischen sieben und acht
früh
spät

❑ 시간의 단위

A: Wann kommt deine Mutter?

B: In einer Stunde.
dreißig Minuten.
einer halben Stunde.
einer Viertelstunde.
zehn Minuten.

❑ Wir haben noch Zeit!

A: Wann beginnt der Unterricht?

B: In einer Stunde, warum?

A: Ich habe Hunger. Ich muss was essen.

B: Ich möchte auch eine Tasse Kaffee trinken.

A: Bis zum Unterricht haben wir noch Zeit. Wollen wir ins Café gehen?

B: Jetzt haben wir nur 55 Minuten, das ist nicht genug.

A: In 50 Minuten können wir wieder da sein.

B: Ja, aber ich muss vorher auch noch meine Hausaufgabe machen.

❑ eine Tasse Kaffee

예문과 '한 걸음 더'에서 음료를 세는 단위가 등장했습니다. 우유 한 컵, 커피 한 잔이라는 표현들입니다. 영어와 마찬가지로 독일어에서도 음료의 종류에 따라, 마시는 방식에 따라 세는 단위가 달라집니다.
다음의 예들은 잔에 따라서 마시는 커피와 차를 세는 방식입니다.

eine Tasse Kaffee
eine Tasse Tee

한편 우유, 주스, 물 같은 음료는 유리컵으로 마시겠지요?

ein Glas Milch
ein Glas Saft
ein Glas Wasser

마지막으로 한 병, 두 병의 단위로 셀 때는 Flasche를 씁니다.

eine Flasche Bier
eine Flasche Soju
eine Flasche Cola

4 구조

❑ 시간 표현

지금까지 시간과 관련된 다양한 표현들을 공부했습니다. 이 강에서는 이 표현들을 정리하는 기회를 갖도록 하겠습니다. 먼저 이 강에서 새로 배운, 시각을 말하는 방식입니다.

1) 몇 시 정각

09:00 Es ist neun Uhr.
14:00 Es ist vierzehn Uhr.

2) 몇 분 전, 몇 분 후

08:55 Es ist fünf vor neun.
09:05 Es ist fünf nach neun.

3) 몇 시 반

06:30 Es ist halb sieben.
11:30 Es ist halb zwölf.

4) 15분 ⇒ ein Viertel

17:15 Es ist Viertel nach fünf nachmittags.
06:45 Es ist Viertel vor sieben.

다음으로 시간을 정확히, 혹은 대략 이야기할 때 각각 어떤 전치사를 쓰는가를 보겠습니다. 먼저 정확한 시각을 말할 때에는 전치사 um을 씁니다.

Der Unterricht beginnt um 12 Uhr.

대략 언제쯤이라고 말해야 할 상황도 많이 있습니다. 이럴 때에는 전치사 gegen을 사용합니다.

Gegen 12 kommt mein Bruder.

11시에서 12시 사이라고 말할 때에는 전치사 zwischen을 씁니다.

Zwischen 11 und 12 besuche ich meine Tante.

5 발음

이제 독일어의 거의 모든 발음 규칙을 익혔습니다. 지금까지 나오지 않았던 몇 가지 발음을 마지막으로 발음 규칙을 모두 배우게 됩니다.

❑ ph ⇒ [f]

영어와 마찬가지로 독일어에서도 ph가 f로 발음됩니다.

Photo	Philosoph	Telephon

☞ Photo, Telephon은 개정 맞춤법에 의하면 아예 발음되는 대로 Foto, Telefon이라고 쓸 수 있습니다. 외래어는 되도록 발음되는 대로 표기하자는 새로운 맞춤법의 원칙에 따른 것입니다.

❑ pf ⇒ [pf]

받침 ㅂ을 발음할 때처럼 입술을 맞붙이고 다물었다가 즉시 이어서 f발음을 하기 위해 윗니로 아랫입술을 깨물면 이 발음이 나옵니다. 다음의 어휘들을 소리내어 발음해 보세요.

Pflicht	Apfel	schimpfen

❑ y ⇒ [ʏ] [y:] [j]

철자 y은 다음 세 가지 중 하나로 발음됩니다.

[ʏ]	dynamisch	Gymnasium	Rhythmus
[y:]	Lyrik	Mythos	Typ
[j]	Yacht	Yoghurt	Yoga

6

Tipp

❑ Gut geschlafen?

'Gut geschlafen?' 즉 '잘 잤니?'라는 말 속에 포함되어 있는 단어 geschlafen은 지금까지 못 본 단어임에도 어디선가 본 듯한 단어이지요? 네, 이 단어는 동사 schlafen과 긴밀한 관계에 있는 단어입니다. 동사 schlafen의 과거분사입니다. 우선 여기에서는 schlafen의 과거분사가 geschlafen이라는 것, 그리고 영어와 마찬가지로 과거분사가 형용사로 쓰일 수 있다는 것을 기억해 두면 됩니다.

❑ 접속사 wenn

접속사 wenn은 '만일 ~ 한다면(이라면)'의 의미로 쓰이는, 영어의 if와 유사한 접속사입니다. 얼핏 보면 영어의 when과 비슷할 것 같지만 절대 같지 않습니다. 잘 기억해 두기 바랍니다. 또 한 가지! 부문장에서는 동사가 그 부문장의 맨 뒤에 쓰이는 것에 항상 주의하기 바랍니다.

예나 대학

제21강

Im Café

1 기본 대화와 표현

A: Guten Tag!

B, C: Guten Tag!

A: Was darf es sein?

B: Ich möchte einen Tee und ein belegtes Brötchen, bitte!

A: Mit Käse, mit Wurst oder mit Schinken?

B: Mit Schinken, bitte!

A: Möchten Sie Ihren Tee mit Zitrone?

B: Ja, gerne.

A: Und Sie?

C: Ich nehme einen Kaffee und einen Käsekuchen, bitte.

A: Tut mir leid, Käsekuchen ist heute alle.

C: Haben Sie dann Apfelkuchen?

A: Ja, wir haben frisch gebackenen Apfelkuchen.

C: Gut, den nehme ich.

A: Also, einen Tee mit Zitrone, ein Brötchen mit Schinken, einen Kaffee und einen Apfelkuchen.

B, C: Ja.

A: Vielen Dank!

A: 안녕하세요!

B, C: 안녕하세요!

A: 무엇을 드릴까요?

B: 저는 차 한 잔하고 속을 채운 빵을 주세요.

A: 속은 치즈, 소시지 아니면 햄, 어떤 것으로 채우시겠습니까?

B: 햄으로요!

A: 차는 레몬과 함께 드시겠습니까?

B: 네, 좋아요.

A: 그리고 손님은요?

C: 저는 커피 한 잔과 치즈 케이크 하나요.

A: 죄송합니다. 치즈 케이크가 오늘은 다 떨어졌네요.

C: 그러면 사과 케이크는 있나요?

A: 예, 갓 구운 사과 케이크가 있습니다.

C: 네, 그럼 그걸로 할게요.

A: 그러면 레몬을 곁들인 차 한잔, 햄을 넣은 빵, 커피 한 잔 그리고 사과 케이크죠.

B, C: 네.

A: 감사합니다.

2 어휘

der Tee 차

gebacken ⓗ 구워진

das Brot 빵

die Wurst 소시지

die Zitrone 레몬

der Käsekuchen 치즈 케이크

frisch ⓗ 신선한, 싱싱한

Tut mir Leid 죄송합니다

belegt ⓗ 샌드위치 등 빵의 속을 채워 넣은

das Brötchen 주먹만 한 작은 빵

der Käse 치즈

der Schinken 햄

der Kaffee 커피

der Apfelkuchen 사과 케이크

A ist heute alle A는 오늘 다 떨어졌다

Was darf es sein? 무엇을 드릴까요?

3 한 걸음 더

❑ Was darf es sein?

다음은 카페에서 음식이나 음료를 주문할 때 쓰는 말들입니다.

Ich nehme…

Haben Sie?
Wir haben…

Einen Kaffee	nehme ich
Einen Tee mit Zitrone	nehmen Sie
Eine Cola	möchte ich
Einen Orangensaft	nimmt meine Tochter

Ich nehme einen Kaffee.

Möchten Sie einen Tee?
Ja, gerne.

4 구조

❑ 형용사 어미 변화

대화 중에는

ein belegtes Brötchen
frisch gebackenen Apfelkuchen

과 같은 표현이 나옵니다. 여기에서 형용사 belegt, gebacken은 원래의 형태 그대로 쓰인 게 아니라 -es, -en과 같은 어미가 붙어 있습니다. 앞에서 잠깐 설명한 적이 있지만 이 어미들은 형용사 변화 어미입니다. 형용사가 명사를 수식하는 용법으로 쓰일 때 그 명사의 성과 수와 격에 따라 변화합니다. 게다가 관사가 있느냐 없느냐에 따라서도 변화합니다. 대화 중에 쓰인 표현은

부정관사 + 형용사 + 중성 4격 단수 명사
부사 + 형용사 + 복수 4격 명사
(부사는 어미 변화에 영향을 미치지는 않습니다)

의 형태입니다. 위에 쓰인 어미들은 이처럼 특별한 환경에서 선택된 것입니다. 형용사 변화는 복잡합니다. 그렇다고 형용사 변화를 처음부터 기계적으로 전부 암기하고 사용할 필요는 없습니다.
우선 이 강에서는 이미 사용된 변화형을 좀 더 연습해 보도록 하겠습니다.

ein gutes Buch
ein junges Mädchen
ein schönes Haus

frisch gebackene Brötchen
neu gebaute Häuser
gerade angekommene Studentinnen

❑ 세 가지 이상을 열거할 때 말하기 방식

예문에 다음과 같은 부분이 있었습니다.

Also, einen Tee mit Zitrone, ein Brötchen mit Schinken, einen Kaffee und einen Apfelkuchen.

이 문장은 모두 합해서 네 가지를 열거하고 있는데, 주의해서 잘 보면 앞의 세 가지는 모두 쉼표로 연결되어 있고 맨 마지막 열거할 때에만 쉼표 없이 und를 쓰고 있습니다. 세 가지 이상의 대상을 열거할 때에는

A, B, C und D

의 형식으로 말합니다.

Vater, Mutter und ich
Ein Buch, ein Bleistift, ein Heft und ein Füller

5 Tipp

대화에 나온 표현 중에

ein belegtes Brötchen
frisch gebackenen Apfelkuchen을 다시 한 번 보세요.

여기에 쓰인 belegt, gebacken은 각각 동사 belegen, backen의 과거분사 형태인데 형용사처럼 쓰였습니다. 이런 말들을 분사 형용사라 합니다.

제22강

Hast du auch Haustiere?

1 기본 대화와 표현

A: Hi, Jens, wie geht's?

B: Hi, Klara, gut! Danke! Und dir?

A: Auch gut! Hast du heute Abend etwas vor?

B: Nichts Besonderes. Warum?

A: Sven gibt eine Party, er hat Geburtstag.
Kommst du mit?

B: Oh, tut mir Leid.

A: Warum? Kannst du nicht kommen?

B: Nein, wegen meiner Katze. Ich muss sie füttern.

A: Hast du eine Katze zu Hause?

B: Ja, sie heißt Mimsy.

A: Ein sehr schöner Name. Wie alt ist sie?

B: Schon 6 Jahre alt. Sie ist eine sehr schöne Katze.
Hast du Tiere auch gern?

A: Ja, ich mag Tiere.

B: Was für Tiere magst du?

A: Ich habe alle Tiere gern, besonders Reptilien.

B: Reptilien? Schlangen und Krokodile?

A: Die auch, ja.

B: Hast du auch Haustiere?

A: Nein, leider nicht.

B: Warum?

A: Meine Mutter hat Angst vor Schlangen.

B: Ich verstehe. Ich auch.

A: 안녕 옌스, 어떻게 지내?

B: 안녕 클라라! 잘 지냈어. 고마워. 넌 어때?

A: 나도 잘 지내. 오늘 저녁에 무슨 계획 있어?

B: 특별한 건 없어. 왜?

A: 스벤이 파티를 연대, 걔 생일이야.
너도 같이 갈 거지?

B: 아, 미안해.

A: 왜? 너 못 오니?

B: 응, 내 고양이 때문에. 고양이 밥 줘야 해.

A: 너 집에 고양이 있니?

B: 응, 밈지라고 해.

A: 예쁜 이름이네. 몇 살이야?

B: 벌써 여섯 살이야. 아주 예쁜 고양이야.
너도 동물 좋아하니?

A: 응, 난 동물 좋아해.

B: 어떤 동물을 좋아하니?

A: 모든 동물을 다 좋아하는데, 특히 파충류를 좋아해.

B: 파충류라고? 뱀이나 악어 말야?

A: 걔네들도, 응.

B: 너도 그럼 반려동물이 있니?

A: 아니, 유감스럽게도 없어.

B: 왜?

A: 우리 어머니가 뱀을 무서워하셔.

B: 알겠어. 나도 그렇거든.

2 어휘

die Katze 고양이

vorhaben ⓢ ~ 할 예정이다

besonders ⓟ 특히, 그중에서도

füttern ⓢ (짐승을) 먹이다, (동물에게) 밥을 주다

nichts ⓓ 아무것도 (아니다)

die Party 파티

Geburtstag haben 생일을 맞다 mitkommen ⓢ 함께 오다, 함께 가다
die Schlange 뱀 das Krokodil 악어
das Haustier 가축, 반려동물 zu Hause 집에, 집에서
eine Party geben 파티를 열다 gern haben ⓢ 좋아하다
3격 Leid tun (~가) 미안해하다, 유감스러워하다
das Reptil, die Reptils, die Reptilien 파충류
vor 3격 Angst haben (~에 대해) 두려워하다, 무서워하다

3 한 걸음 더

❏ nichts Besonderes

부정 대명사 + [대문자로 시작하는 형용사 + es]의 형태는 ~ 인 모든 것, 혹은 ~ 한 어떤 것 등의 의미가 됩니다.

nichts Besonderes	특별한 어떤 것도 없음
nichts Schönes	좋은(예쁜) 어떤 것도 없음
etwas Gutes	좋은 어떤 것
etwas Leckeres	맛있는 어떤 것
Alles Leckere	맛있는 모든 것

❏ wegen meiner Katze

wegen은 2격을 지배하는 전치사입니다. 소유 대명사 mein은 부정관사처럼 어미 변화합니다. '구조'를 먼저 공부하고 다음의 변화형을 연습해 보세요.

wegen	meiner Katze.	내 고양이 때문에
	meines Hundes.	내 개 때문에
	meiner Schwester	내 여동생 때문에
	meines Bruders	내 남동생 때문에
	des Wetters	날씨 때문에
	der Arbeit	일 때문에

❏ eine Katze zu Hause haben

'집에 고양이가 있다'라는 표현입니다. 다른 동물들을 연습해 보겠습니다.

A: Hast du ein Haustier?

B: Ja, ich habe eine Katze zu Hause.
einen Hund
eine Schlange

❑ Was für + 4격 명사구

'어떤 종류의, 어떤'이라는 의미의 표현입니다. 단수가 올 수도 있고 복수명사가 올 수도 있습니다. 영어의 What kind of~ 와 유사한 쓰임을 가졌습니다. 본문에 나오는 표현과 비슷한 표현을 연습해 보겠습니다.

Was für Tiere magst du?
Was für Hunde magst du?
Was für Bücher magst du?
Was für einen Tisch brauchen Sie?

4 구조

❑ 소유 대명사의 어미 변화

이 강에서는 앞의 소유 대명사 변화에서 배우지 않은, 2격의 변화에 대해서 마저 공부하겠습니다. 먼저 wegen은 처음으로 등장하는 2격 지배 전치사입니다. 즉 전치사 wegen 다음에 나오는 명사구는 2격이어야 합니다. 본문의 wegen meiner Katze를 보면 소유 대명사 여성 2격의 어미가 −er인 것을 알 수 있습니다. 본문에는 나오지 않았지만 복수 2격도 같은 어미를 사용합니다.

	남성	여성	중성	복수
1격	–	−e	–	−e
2격		−er		−er
3격	−em	−er	−em	−en
4격	−en	−e		−e

소유 대명사 mein의 격 변화는 따라서 다음과 같습니다.

	남성	여성	중성	복수
1격	mein	meine	mein	meine
2격		meiner		meiner
3격	meinem	meiner	meinem	meinen
4격	meinen	meine	mein	meine

❑ zu Hause

zu와 nach는 모두 방향을 나타내는 말입니다. 즉 '~ 로'의 의미로 쓰이는 3격 지배 전치사입니다. 이 둘의 차이는 장소의 규모 차이입니다. 즉 도시나 국가 등 비교적 넓은 장소에는 nach를 쓰고, 그렇지 않을 경우 zu를 씁니다. 다만 Hause만은 예외입니다. 나는 집으로 간다라고 할 때

Ich gehe nach Hause라고 합니다.

그럼 zu Hause는 어떤 뜻이 될까요?

Ich bleibe zu Hause.

이 문장은 '나는 집에 있어(머물고 있어)'라는 의미가 됩니다.

❑ Was für + 4격 명사구

'Was für + 4격 명사구'는 '어떤 종류의 ~' '어떤 ~'이라는 뜻입니다. 영이의 What kind of와 비슷한 쓰임을 갖고 있습니다.

Was für Bücher liest du gern?
너는 어떤 (종류의) 책을 즐겨 읽니?

A: Was für einen Tisch brauchst du?
너는 어떤 종류의 테이블을 필요로 하는 거지?
B: Ich brauche einen kleinen Schreibtisch.
나는 작은 책상이 필요해.

관사를 쓰지 않는 경우도 있고, 또 4격의 단수 명사구 대신 복수 명사가 올 수도 있습니다.

Was für Musik hörst du gern?
Was für Bücher hast du zu Hause?

❑ 부정 대명사 + 형용사

etwas, nichts, alles는 부정 대명사입니다. 각각 something, nothing, everything과 비슷한 뜻을 갖고 있습니다. 이 부정 대명사 뒤에 형용사를 쓰되 첫 글자는 대문자로, 그리고 어미로 -es를 쓰면 '~ 한 어떤 것' 등의 의미가 됩니다. 예를 보겠습니다.

etwas Gutes
nichts Gutes

alles Gute
nichts Besonderes

❑ gern haben

mögen과 비슷한 뜻으로, '~ 을 좋아한다'는 의미입니다.

Ich habe meine Katze gern!

이렇게 말하면 나는 내 고양이를 좋아한다는 의미가 되겠지요?
gern haben에서 gern은 마치 분리 전철처럼 문장의 맨 뒤에 쓰인다는 것에 주의하기 바랍니다.

❑ heute Abend

heute Abend는 '오늘 저녁'이라는 의미입니다. 먼저 앞에 쓰인 heute는 시간을 나타내는 부사이고 Abend는 남성 명사입니다. 겉으로 보이지 않지만 여기에서 4격으로 사용되었습니다. 제16강에서 배운 부사적 4격의 용법입니다. 다시 한 번 복습해 볼까요?

heute Abend
letzte Woche
morgen Nachmittag
nächstes Jahr

5 Tipp

❑ 2격 지배 전치사 wegen

대화 중의 wegen meiner Katze를 보면 wegen이 전치사로 쓰였다는 것을 알 수 있습니다. 처음으로 등장하는 2격 지배 전치사입니다. 독일어에서 2격은 매우 제한적으로 쓰이고 또 점점 적게 쓰이는 격이기 때문에 2격 지배 전치사의 운명도 마찬가지입니다. 지금까지 여러 가지 격 지배를 말씀드렸지만 2격 지배 전치사가 이제야 등장한 것도 그 때문입니다. 구어체에서 wegen은 많은 경우 3격 지배 전치사처럼 쓰입니다. 그러나 우리는 외국어로서 독일어를 배우는 입장이므로 구어체보다는 문어체로 정확하게 문법적인 쓰임을 익히는 것이 좋겠습니다.

❑ 명사의 복수형

대화 중에 나오는 Reptilien은 명사 Reptil의 복수형입니다. 파충류라는 의미로 쓰일 때는 항상 복수형, 즉 Reptilien을 씁니다.

지금까지 부분적으로 복수형을 조금씩 보았지만 이 복수형은 상당히 이색적이지요? 독일어에는 이처럼 불규칙한 복수형을 보이는 명사들이 있습니다. 영어와 마찬가지로 주로 외래어에 어원을 둔 명사들이 이런 변화를 보입니다.

함부르크 항구의 모습입니다.

제23강

Wie schön dieses Haus ist!

1 기본 대화와 표현

A: Morgen, Hanul! Was liest du denn da? Einen Brief?
B: Guten Morgen, Sarah! Ja, das ist ein Brief aus Korea.
A: Oh, von deinen Eltern?
B: Nein, von meiner Schwester.
A: Ich denke, sie schreibt dir immer eine Postkarte.
B: Ja, diesmal einen Brief, statt der Postkarte.
A: Da ist ja auch ein Foto. Ist das das Haus deiner Schwester?
B: Nein, das ist das Haus von meinen Großeltern.
A: Wie schön dieses Haus ist!
B: Ja, das ist ein sehr schönes Haus.
Da ist auch ein schöner Garten.
A: Wohnt deine Schwester auch dort? Mit deinen Eltern?
B: Ja, in diesem Haus wohnen meine Eltern und meine Schwester, mit meinen Großeltern.
A: Ich beneide dich!

A: 안녕, 하늘! 뭘 읽고 있어? 편지네?
B: 안녕, 사라! 맞아. 한국에서 온 편지야.
A: 와, 부모님한테서?
B: 아니, 우리 언니.
A: 난 너희 언니는 늘 엽서만 보낸다고 생각했는데.
B: 그래, 이번엔 편지네, 엽서 대신.

A: 거기 사진도 있구나. 그거 너희 언니네 집이니?
B: 아니, 이건 우리 조부모님 집이야.
A: 이 집 정말 멋지다!
B: 그래, 아주 예쁜 집이야.
거기 멋진 정원도 있어.
A: 너희 언니도 여기 살아? 너희 부모님이랑?
B: 응, 이 집엔 우리 부모님이랑 언니랑 우리 조부모님이 사셔.
A: 좋겠다!

2 어휘

denn ㉮ 도대체
aus ㉶ ~ 로부터
schreiben ㉻ 쓰다
diesmal ㉮ 이번에는
die Großeltern 조부모님
beneiden ㉻ 질투하다, 샘내다.

da ㉮ 거기, 여기
von ㉶ ~ 의
die Postkarte 우편엽서
statt ㉶ ~ 대신에
der Garten 정원

3 한 걸음 더

❑ Was liest du denn da?

본문 대화 중에 나오는 이 표현은 '너 거기서 (대체) 뭘 읽는 거니?'라는 뜻입니다. 말 가운데에 denn이라는 표현이 쓰였는데 이 단어가 없어도 의미는 같습니다. 그러나 실제로 독일인들이 일상 회화를 할 때에는 이 말이 없으면 매우 딱딱한 표현이 되어 말의 본래 의도를 해칠 가능성조차 있습니다. 제16강의 Tipp에서 aber에 대해 설명 드렸던 것을 상기하기 바랍니다. 이런 단어를 불변화사라고 했습니다. 불변화사 denn은 예에서처럼 의문문에 쓰여서 놀라움을 강조하거나 의문을 뜻하는 등의 용도로 쓰입니다. 다음의 표현을 연습해 보겠습니다.

Was machst du denn da?
Was tust du denn da?
Was schreibt er denn da?
Was suchen Sie denn hier?

❑ Ist das das Haus deiner Schwester?

이 표현은 구조를 먼저 공부하고 연습하면 수월하게 익힐 수 있습니다. 문장 중에 나오는 deiner Schwester는 2격 명사구입니다. 독일어의 2격 명사구는 영어의 of + 명사의 목적격과 같은 의미로 쓰입니다. 즉 '~ 의'로 해석됩니다.

das Haus meiner Schwester
das Buch meiner Schwester
der Vater meiner Freundin
die Mutter seiner Freundin

4 구조

❑ 정관사 변화

Wie schön dieses Haus ist!

이 문장은 "이 집 정말 멋지구나!"라는 의미로 해석합니다. 감탄문이라고 할 수 있습니다. 여기 쓰인 명사구 dieses Haus를 보시면 dies + es의 형태인 것을 알 수 있습니다. 제13강의 Tipp에서 dies가 정관사와 같은 어미 변화를 한다고 언급했습니다. 지금까지 배운 정관사 변화를 먼저 보고, 어미 변화를 정리해 보도록 하겠습니다.

	남성	여성	중성	복수
1격(주격)	der	die	das	die
2격(소유격)				
3격(여격)	dem	der	dem	den
4격(목적격)	den	die	das	die

이에 따른 dies의 어미 변화를 보겠습니다.

	남성	여성	중성	복수
1격(주격)	dieser	diese	dieses	diese
2격(소유격)		dieser		
3격(여격)	diesem	dieser	diesem	diesen
4격(목적격)	diesen	diese	dieses	diese

특히 여성과 중성 1, 4격의 변화 어미가 조금 주의를 요하기 때문에 더 복잡하게 보일 것입니다. 지금 이 변화를 모두 한꺼번에 익힐 수는 없고 또 의미도 없습니다. 다만 전체적인 변화의 흐름을 익히고 앞으로 계속 다양한 문장들을 연습해 보세요.

❑ 2격

소유 대명사 2격을 이용한 표현이 다시 나왔습니다. 본문 중의

Ist das das Haus deiner Schwester?

에서 deiner Schwester는 2격입니다. 소유 대명사 dein에 여성 2격 부정관사 변화 어미인 -er가 붙은 형태입니다. 제22강에서 wegen meiner Katze라는 표현의 meiner Katze는 전치사 wegen의 지배를 받는 2격 표현이라고 말씀드렸습니다. 전치사의 지배 없이도 2격은 등장합니다. 의미는 '~ 의'로 해석됩니다. 영어의 소유격과 비슷합니다.

das Haus meiner Schwester

그런데 이 표현은 전치사 von + 3격 명사구의 형태로 바꿔 쓸 수 있습니다.

das Haus von meiner Schwester

의미는 같은데 우리에겐 이 표현이 조금 이해하기 쉬운 면이 있습니다. 조금 더 연습해 볼까요?

das Buch meines Bruders
das Buch von meinem Bruder
die Tasche des Mädchens
die Tasche von dem Mädchen

	남성	여성	중성	복수
1격	mein	meine	mein	meine
2격		meiner		meiner
3격	meinem	meiner	meinem	meinen
4격	meinen	meine	mein	meine

❑ 세 가지 이상을 열거할 때 말하는 방식

제22강에서 세 가지 이상의 대상을 열거할 때에는 'A, B und C'와 같은 방식으로 한다고 했습니다. 이 강에서도 유사한 표현이 등장합니다.

Ja, in diesem Haus wohnen meine Eltern und meine Schwester, mit meinen Großeltern.

독일어에서 쉼표는 쓰고 싶다고 해서 아무 데나 쓸 수 있는 것이 아닙니다. 또 써야

할 곳에는 정확히 써야 합니다. 접속사 und도 마찬가지입니다. 앞에서도 말씀드렸지만 접속사 und를 쓸 때에는 쉼표를 함께 쓰지 않습니다.

5 Tipp

❑ Wie schön!

대화 속에

Wie schön dieses Haus ist!

이라는 표현이 있습니다. 이 문장은 일종의 감탄문입니다. "정말 멋지구나! 얼마나 예쁜지!"와 같은 표현을 할 때, Wie nett!, Wie schön!을 써서 간단하게 감탄과 놀라움을 표현할 수 있습니다. 감탄문에 대해서는 다음에 다시 자세히 공부하겠습니다.

독일 남부의 도시 아욱스부르크

제24강

Haben Sie auch Briefmarken?

1 기본 대화와 표현

A: Kann ich bei Ihnen einen Stadtplan bekommen?
B: Was für einer soll es denn sein?
A: Ein praktischer.
Am besten mit U-Bahn- und Busnetz.
B: Wir haben hier drei Sorten.
Welchen nehmen Sie?
A: Welcher ist neu?
B: Dieser hier ist am neuesten.
A: Gut. Dann nehme ich diesen.
B: Brauchen Sie sonst noch etwas?
A: Ja, ich hätte gern ein Feuerzeug und fünf Ansichtskarten.
B: Hier ist das Feuerzeug.
Die Ansichtskarten stehen da hinten im Regal.
A: Haben Sie auch Briefmarken?
B: Wir haben leider keine. Die können Sie auf der Post kaufen.
A: Ach so. Wo ist denn die Post?
B: Die Post ist gleich hier um die Ecke.

A: 시가지 지도 한 장 살 수 있을까요?
B: 어떤 종류로 하시게요?
A: 실용적인 것으로요. 버스 노선하고 지하철 노선이 나오는 거면 제일 좋겠는데요.
B: 여기 세 가지 종류가 있는데요. 어느 것으로 하시겠어요?

A: 어느 것이 새로 나온 건데요?
B: 여기 이 지도가 금방 나온 겁니다.
A: 좋아요. 이것으로 할게요.
B: 그 외에 더 필요하신 것 있습니까?
A: 네, 라이터 하나하고 기념엽서 다섯 장 사려고 하는데요.
B: 여기 라이터요. 기념엽서는 저기 뒤쪽 선반에 있습니다.
A: 우표도 있나요?
B: 죄송하지만 우표는 없네요. 그건 우체국에서 사실 수 있습니다.
A: 아 그런가요? 우체국은 어디에 있나요?
B: 네, 우체국은 바로 저 모퉁이에 있습니다.

2 어휘

der Stadtplan 시내 지도
best 형용사 gut의 최상급
das Busnetz 버스 노선도
brauchen ㉿ ~ 을 필요로 하다
hätte haben 동사의 접속법 2식 형태
noch ㉾ 아직도, 여전히
die Ansichtskarte 기념엽서
das Regal 서가, 책장
leider ㉾ 유감스럽게도, 미안하지만
auf der Post 우체국에, 우체국에서
ach so 아하 그래요
um die Ecke 모퉁이를 돌면
ich hätte gern ~ 했으면 한다, ~ 을 사고 싶다
praktisch ㊖ 실용적인
die U-Bahn 지하철
die Sorte 종류
neu(am neuesten) ㊖ 새로운(가장 새로운)
sonst ㉾ 그렇지 않으면, 그러지 않으면
das Feuerzeug 라이터
Karte 카드, 엽서
die Briefmarke 우표
die Post 우체국
gleich ㊖ 바로, 금방
die Ecke 모퉁이
was für 4격 어떤 종류의, 어떤

3 한 걸음 더

❑ Kann ich bei Ihnen A bekommen?

가게에서 물건을 살 때 사용하는 표현을 익혀 보겠습니다. 우선 본문에 나온 표현이

있었지요.

Kann ich bei Ihnen einen Stadtplan bekommen?

직역하자면 '당신에게서 시내 지도를 얻을 수 있을까요?'라는 표현입니다. A를 사고 싶다는 표현인데요, 다음과 같은 표현도 있습니다.

Haben Sie A?
Ich hätte gern A.

그러면 이제 상점에서 볼펜을 사는 연습을 해 볼까요?

Kann ich bei Ihnen einen Kugelschreiber bekommen?
Haben Sie Kugelschreiber?
Ich hätte gern einen Kugelschreiber.

이번에는 라이터를 사 보겠습니다.

Kann ich bei Ihnen ein Feuerzeug bekommen?
Haben Sie Feuerzeuge?
Ich hätte gern ein Feuerzeug.

❑ was für ein vs. welch

이 두 가지 표현은 모두 '어떤 것'이라는 말로 해석되는 표현입니다. 어떻게 구분하는지를 알기 위해 대화 속에서 was für와 welch가 쓰인 상황을 다시 한 번 살펴보겠습니다.

Was für einer soll es sein?
Welcher ist neu?

첫 번째 질문은 어떤 종류의 것이어야 하느냐는 의미입니다. 두 번째 질문에서는 이미 한정된 여러 개 중에서 어느 것을 원하느냐는 뜻입니다. 즉 'Was für + 4격'은 제22강에서 말한 것처럼 What kind of와 비슷한 용도로 쓰이고, 이에 반해 Welch-는 영어의 which와 비슷하다고 생각하면 되겠습니다.
함께 연습하면서 익혀 보겠습니다.

어떤 책이 마음에 들어?	Was für ein Buch gefällt dir?
어느 책을 사고 싶어?	Welches Buch möchtest du kaufen?
어떤 차를 살 건데?	Was für ein Auto kaufst du?
어떤 차로 할 거야?	Welches Auto nimmst du?

❑ Ich nehme A

'Ich nehme A.'라고 말하면 실로 여러 가지 의미를 가질 수 있습니다. 영어의 take 동사가 그렇듯이 독일어의 nehmen도 다양한 쓰임을 가지고 있습니다.

Welches Auto nimmst du? ⇒ Ich nehme das rote.
Was möchten Sie? ⇒ Ich nehme einen Kaffee.
Wie viel möchten Sie? ⇒ Ich nehme drei.

❑ Brauchen Sie sonst noch etwas?

물건을 사거나 주문할 때 상인 쪽에서 "더 필요한 것이 없습니까?"라고 물어 보게 되겠죠. 우리는 이 강에서 이 표현을 배웠습니다.

Brauchen Sie sonst noch etwas?

이런 의미를 갖는 비슷한 표현이 또 있습니다.

Ist das alles?

그게 다인가요? 하고 묻는 우리말과 비슷합니다.
이에 대한 대답은 다음과 같습니다.

Ja, das ist alles. 네, 그게 다입니다.
Ja, das war es. 네, 끝입니다.

4 구조

❑ 화법 조동사 sollen

제15강에서 화법 조동사의 변화형과 쓰임을 공부했습니다. 이 강에서는 특히 화법 조동사 sollen의 용법 중에서 중요한 쓰임 하나를 덧붙여 공부하겠습니다.

Was für einer soll es sein?

어떤 종류의 것을 원하느냐는 의미의 이 문장에서 조동사 sollen은 상대방의 의지를 묻기 위해 사용되었습니다. 또한 sollen은 이인칭뿐 아니라 삼인칭의 의지, 즉 대화 당사자들이 아닌 제3자의 의지를 표현하기 위해서도 사용됩니다.

A: Warum bist du hier? Ich ziehe heute um.
B: Ich weiß. Mutti sagt, ich soll dir helfen.

이 문장은 나(일인칭)도 너(이인칭)도 아닌 제3자(삼인칭)의 뜻에 의해 내가 너를 도와야 한다는 의미를 갖고 있습니다. 이인칭 주어에도 해당됩니다. 몇 가지 문장을 만들어 볼까요?

네가 나를 도와야 한다는데. Du sollst mir helfen.
내가 너희 집에 있어야 한대. Ich soll bei dir bleiben.

❑ 전치사 bei + 3격

Kann ich bei Ihnen einen Stadtplan bekommen?

이 문장에서 bei Ihnen은 '당신네 가게에서'라는 의미로 쓰였습니다. 전치사 bei는 3격을 지배하고 '누구네 집에', '누구네서'와 같은 뜻을 갖고 있습니다.

bei meinen Eltern 우리 부모님 집에서
Er bleibt bei mir. 그는 우리 집에 머물고 있어.

❑ dieser와 welcher

본문 중에 있는 다음의 표현에서 dieser는 주어로 쓰였습니다.

Dieser hier ist am neuesten.

좀 이상하긴 하지만 dieser를 빼면 주어 노릇을 할 수 있는 성분이 없습니다. 그렇다면 dieser가 명사로 쓰였다는 것입니다. 또한 다음 문장에서 welcher도 주어로 쓰였다는 것을 알 수 있습니다.

Welcher ist neu?

지시 대명사 dieser와 의문 대명사 welcher는 정관사와 비슷하게 변화합니다. 이 명사들이 각각의 문장에서 가리키고 있는 대상이 남성 명사인 der Plan이기 때문에 여기에서는 정관사 der의 어미인 -er가 붙은 것입니다.
이처럼 정관사 변화를 하는 부류가 있습니다.

dies-, jen-, jed-, solch-, manch-, welch-

이들은 모두 반드시 정관사 어미와 함께 사용되기 때문에 위와 같이 표기했습니다. 이들의 1격 변화 형태를 정리해 보겠습니다.

	남성	여성	중성	복수
dies–	dieser	diese	dieses	diese
jen–	jener	jene	jenes	jene
jed–	jeder	jede	jedes	jede
welch–	welcher	welche	welches	welche
solch–	solcher	solche	solches	solche
manch–	mancher	manche	manches	manche

❑ 부사 da + 장소의 부사

우리는 '저 뒤에' 혹은 '저기 오른쪽에' 등과 같이 눈에 보이는 장소를 지칭하고자 할 때가 있습니다. 그럴 때 사용하는 표현이 아래와 같은 표현입니다.

da hinten　저 뒤에　　　da vorne　저 앞에
da oben　저 위에　　　da unten　저 아래에

본문 중에 아래와 같은 표현이 나옵니다.

Die Ansichtskarten stehen da hinten im Regal.

'기념엽서가 저기 뒤쪽 선반에 있습니다'라는 표현인데요, 대화에 참여하는 사람들이 모두 시각적으로 확인할 수 있는 장소를 가리킬 때 쓰는 표현입니다.

5 Tipp

❑ 부정 대명사 etwas · einer

본문 텍스트에 나온 etwas와 einer는 명사를 대신하여 쓰인 대명사입니다. 그러나 특정한 대상을 지시하는 것이 아니라 불특정한 대상을 지시하는 소위 부정 대명사입니다. 여기에서 etwas에 비해 einer가 조금 더 골치 아픈 부정 대명사인데요, 그 이유는 격에 따라 변화를 하기 때문입니다.

Was für einer soll es sein?
Was für einen nimmst du?

위의 두 문장에서 나타나는 부정 대명사 ein은 영어의 one과 거의 같은 쓰임을 갖는데, 보시다시피 성과 격에 따라 변화합니다. 이 강에서는 일단 남성 1격과 4격만 제시했습니다.

❑ Was für + 명사구

'Was für + 명사구'는 지금까지 이미 여러 번 설명한 표현으로, '어떤 종류의 ~ '라는 의미입니다. 본문에서는 지금까지의 예와는 조금 다른 표현이 쓰였습니다.

Was für einen wollen Sie?

이 문장은 부정관사 einen 뒤에 명사 Plan이 빠진 것 같은 형태입니다. 하지만 이 문장은 명사가 생략된 것이 아니라 einen이 부정 대명사로 쓰인 것입니다. 다만 독일어에서는 이 부정 대명사가 부정관사와 비슷하게 변화한다는 것이 다릅니다.

❑ 서술적 용법으로 쓰인 최상급

형용사의 최상급이 명사를 수식할 때, 즉 한정적 용법으로 쓰일 때에는 동사의 보어로 쓰일 때, 즉 서술적 용법으로 쓰일 때의 형태가 다릅니다. 본문 중에 다음과 같은 문장이 나옵니다.

Dieser hier ist am neuesten.
Am besten mit U-Bahn- und Busnetz.

두 문장에서 형용사는 명사를 수식하는 용법으로 쓰이지 않고 동사와 함께 주어를 서술해 주기 위해 사용되었습니다. 이런 용법을 형용사의 서술적 용법이라고 하고

am + 형용사 최상급 + en

과 같은 형태로 사용합니다. 다음의 예를 보겠습니다.

am besten	am neuesten
am kleinsten	am schönsten

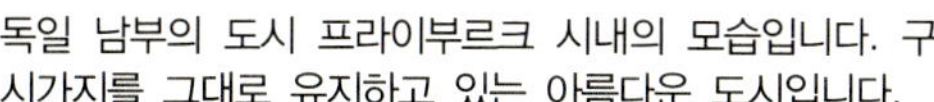
독일 남부의 도시 프라이부르크 시내의 모습입니다. 구시가지를 그대로 유지하고 있는 아름다운 도시입니다.

Ich muss frühstücken

제25강

1 기본 대화와 표현

A: Julia, wann beginnt unser Unterricht?

B: Morgen, Hanul! Um Viertel nach neun.

A: Gut, da haben wir noch Zeit. Gehst du mit mir in die Cafeteria?
Ich muss jetzt frühstücken.

B: Warum jetzt? Hast du es morgens eilig?

A: Ja, ich wohne in der Umgebung von Seoul.

B: Wie kommst du zur Uni? Fährst du ein Auto?

A: Nein, ich komme mit der U-Bahn. Es dauert über eine Stunde, jeden Morgen.

B: Hm, trotzdem muss man frühstücken.
Frühstück ist die wichtigste Mahlzeit des Tages!

A: Und du? Frühstückst du jeden Morgen?

B: Ja, morgens esse ich ein Brötchen mit Käse und Schinken.

A: Isst du kein Gemüse? Das ist nicht gesund!

B: Zum Frühstück? Nein. Zu Abend esse ich viel Salat.

A: Auf jeden Fall bist du fleißiger als ich.

A: 율리아, 우리 수업이 언제 시작되지?

B: 안녕, 하늘! 9시 15분에 시작해.

A: 그래, 아직 시간이 좀 있네. 나랑 카페테리아 갈래?
나 지금 아침 먹어야 하거든.

B: 왜 지금? 아침에 바쁘니?

A: 응. 내가 교외에 살잖아.
B: 학교 올 때 어떻게 와? 차 운전해서 오니?
A: 아니, 지하철로 와. 매일 아침 한 시간도 넘게 걸려.
B: 흠, 그래도 아침은 먹어야지.
아침이 하루 중 제일 중요한 식사라구.
A: 넌 어때? 넌 매일 아침 식사를 하니?
B: 응, 난 아침에 빵에다 치즈랑 햄을 먹어.
A: 채소는 안 먹고? 건강에 안 좋아!
B: 아침으로? 안 먹어. 저녁에는 샐러드를 많이 먹어.
A: 어쨌든 네가 나보다는 부지런하구나.

2 어휘

der Unterricht 강의, 수업
die Cafeteria 카페테리아, 간이식당
morgens ㊅ 아침에, 아침마다
es eilig haben 바쁘다
der Käse 치즈
der Salat 샐러드
das Gemüse 채소
Das ist nicht gesund! 그건 건강에 좋지 않아!
zu Abend essen 저녁을 먹다
beginnen ㊍ 시작하다
frühstücken ㊍ 아침 식사를 하다
eilig ㊎ 바쁜, 성급한
die U-Bahn 지하철
der Schinken 햄
gesund ㊎ 건강한, 건강에 좋은

3 한 걸음 더

❏ zu Abend essen

식사에 대한 이야기가 나왔으니 하루 식사에 대한 이야기를 해 보겠습니다. 우리말로는 "점심 먹었니?" 혹은 "저녁 먹었니?"라고 말하기 때문에 독일어도 그럴 것이라고 생각하고 흔히 하는 실수가 있습니다.

Isst du Abend?

그런데 이런 말은 쓰지 않습니다. 대신 독일어로는

Isst du zu Abend?

라고 합니다. 이 말은 좀 어색하지요? 아마도 다음과 같은 표현들을 자주 쓸 것입니다.

Was isst du zu Abend?	저녁으로 뭘 먹니?
Essen wir zu Abend.	우리 저녁 먹자.
Wann isst du zu Mittag?	점심 식사는 언제 하니?
Isst du gern Salat zu Abend?	저녁에 샐러드를 즐겨 먹니?
Ich esse gerade zu Abend.	나 지금 막 저녁 먹고 있어.

한 가지 주의할 것은, '아침을 먹다'는 애석하게도 zu Morgen essen이 아니라는 것입니다. 그에 해당하는 동사는 따로 있습니다. 그래서 다음과 같이 말합니다.

Ich frühstücke jetzt.

❑ Gehst du mit mir?

일상 회화에서 미래를 표현하기 위해 미래 시제를 사용하면 독일어에서는 오히려 조금 어색한 표현이 됩니다. 현재형을 사용하는 것이 더 쉽기도 하고 자연스러운 표현이 됩니다. 그러면 다음의 표현들을 독일어로 연습해 보겠습니다.

너도 같이 갈래?	Kommst du mit?
우리 밥 먹으러 갈까?	Gehen wir jetzt essen?
나 금방 다시 올게!	Ich bin bald wieder da!
그는 내년부터 우리 대학에서 공부할 겁니다.	Er studiert ab nächstem Jahr an unserer Universität.
그녀는 한 시간 후에 올 겁니다.	Sie kommt in einer Stunde.

4 구조

❑ 의문문 · 의문사

이 강에서는 지금까지 공부한 여러 가지 형태의 의문문을 복습해 보겠습니다. 먼저 의문사가 없는 의문문입니다.

Gehst **du** mit mir in die Cafeteria?
Kommst **du** mit mir?
Fährst **du** ein Auto?
Frühstückst **du** jeden Morgen?
Isst **du** kein Gemüse?

이 의문문들을 보면 동사가 문장의 맨 앞에 등장하고 다음으로 주어가 나오는 어순을 보입니다. '동사 + 주어'의 어순은 의문사 없는 의문문의 특징입니다.
이 강에 나온 의문사 있는 의문문, 소위 W-의문문을 보겠습니다.

Wann beginnt unser Unterricht?
Wie kommst du zur Uni?
Warum musst du jetzt fahren? (Warum jetzt?)

의문사가 있는 의문문은 '의문사 + 동사 + 주어'의 어순을 갖습니다. 요약하면 독일어의 의문문은 의문사가 있거나 말거나 '동사 + 주어'의 어순이며, 만일 의문사가 있다면 그 앞에 의문사만 써 주면 됩니다. 간단하지요?

(의문사) + 동사 + 주어…?

❑ 시간에 대한 표현

시간에 대한 표현을 복습해 볼까요?

A: Julia, wann beginnt unser Unterricht?
B: Morgen, Hanul! Um Viertel nach neun.

몇 시에 강의가 시작하느냐는 질문에 대해 9시 15분이라고 대답하고 있습니다. '정각 몇 시를 지난 몇 분'이라는 표현을 하고자 할 때는 '몇 분 nach 몇 시'로 말합니다.

Fünf nach sieben	7시 5분
Zehn nach zwölf	12시 10분

15분은 한 시간의 4분의 1과 같으므로 ein Viertel이라고 말합니다. 따라서 3시 15분은

Viertel nach drei

라고 말합니다. 이와 반대로 '정각 몇 시가 되기 전 몇 분'은 '몇 분 vor 몇 시'라 말합니다.

Fünf vor sieben	6시 55분 (7시 5분 전)
Zehn vor zwölf	11시 50분 (12시 10분 전)
Viertel vor drei	2시 45분 (3시 15분 전)

그렇다면 Drei Viertel은 몇 분일까요? 3 x 15분이므로 45분입니다.

❑ 형용사를 이용한 비교 표현

이 강에서는 비교의 대상들을 표현하는 방식을 살펴보겠습니다.
먼저 'A만큼 ~ 하다'라는 표현은 아래와 같습니다.

so + 형용사 + wie + 비교 대상

예를 들어 볼까요?

Sie ist so fleißig wie du.	그녀는 너만큼 부지런하다.
Er ist so groß wie sie.	그는 그녀만큼 크다.
Dieses Haus ist so alt wie meines.	이 집은 내 집만큼 낡았다.

한편 'A보다 ~ 하다'라는 표현은 다음과 같이 합니다.

형용사 비교급 + als + 비교 대상

Er ist kleiner als sie.

❑ 강변화 동사의 현재 인칭 어간 모음 변화

이 강에서 나온 동사 중 fahren, essen, gehen, haben 동사는 모두 과거와 과거분사형이 불규칙하게 변화하는 강변화 동사입니다.

fahren — fuhr — gefahren
essen — aß — gegessen
gehen — ging — gegangen
haben — hatte — gehabt

그래서 아래의 예문에서와 같은 모음 변화가 일어나는 것입니다.

Fährst du ein Auto?
Isst du kein Gemüse?

그런데 강변화 동사 중에서도 다음 문장에 쓰인 동사들은 조금 다른 양상을 보입니다.

Gehst du mit mir in die Cafeteria?
Hast du es morgens eilig?

이 동사들은 강변화 동사이지만 현재 인칭에서 다른 강변화 동사와 다른 변화를 보입니다. 동사 gehen은 강변화 동사이지만 현재 삼인칭에서 모음 변화를 보이지 않습니다. 한편 동사 haben도 강변화 동사이지만 규칙과 다른 변화를 보이고 있습니다. 특히 haben은 어떤 규칙으로도 설명할 수 없는 현재 인칭 변화를 보이기 때문에 강변화 동사 중에서도 불규칙하다 하여 불규칙 동사라고 합니다. 이들 강변화 동사에 비해 약변화 동사는 규칙적인 변화를 보여 줍니다. 즉 과거와 과거분사에서 약하게 변화하는 것입니다. 예컨대 본문에 나온 동사 중 wohnen 동사가 이런 약변화 동사이고 그 변화는 아래와 같습니다.

wohnen — wohnte — gewohnt

❑ 대명사 es

대명사 es는 중성 인칭 대명사이기도 하지만 특정한 대상을 대신하지 않는, 즉 비인칭 대명사로 쓰이는 경우가 많습니다. 앞에서 날씨를 배울 때 그 용법에 대해 이미 공부했습니다.

Es regnet.
Es ist heute sonnig.

이 강에서는 조금 다른 표현이 나옵니다.

Es dauert über eine Stunde, jeden Morgen.

이 문장에서 대명사 es는 특정한 대상을 대신하고 있는 대명사가 아닙니다. 막연한 상황을 지칭하고 있는 비인칭 대명사로 쓰인 것입니다.

Hast du es morgens eilig?

이 문장에서도 es는 특정한 대상이 아닌, 막연한 상황을 지칭하고 있습니다. 비인칭 대명사로 쓰였으면서 목적어로 쓰인 경우입니다. 이 문장에 쓰인 어구, es eilig haben은 숙어적 용법으로 암기해 두는 것이 좋습니다.

5 Tipp

❑ Akademisches Viertel

본문에서 보면 수업이 정각 9시에 시작하지 않고 9시 15분에 시작한다는 말이 나옵니다. 이것은 독일 대학에서는 일반적인 수업 시작 시간입니다. 흔히 Akademisches Viertel, 즉 학문적 15분(혹은 대학 15분이라고도 할 수 있겠지요)이라고들 합니다. 정각보다 15분, 즉 Viertel만큼 늦게 수업을 시작하는 수업이 태반이라 이런 말이 나왔겠지요. 정각에 시작하는 수업도 있지만 오히려 예외적인 경우에 해당한답니다.

제26강 Ich suche eine neue Wohnung

1 기본 대화와 표현

A: Tag, Markus! Was machst du denn da?
B: Hallo, Sarah! Ich suche eine neue Wohnung.
A: Warum denn? Du wohnst in einer schönen Zweizimmerwohnung!
B: Ja, das ist ja das Problem! Die Miete in der schönen Wohnung ist zu teuer!
A: Hm, das ist ein Problem.
Hey, sieh Mal! Hier ist eine Anzeige für eine Einzimmerwohnung!
B: Wie viel kostet die Wohnung?
A: Vierhundert im Monat.
B: Das ist nicht viel. Wo liegt sie denn?
A: Am Kaufhaus, also ganz im Zentrum.
B: Da ist aber zu viel Lärm.
A: Das stimmt, aber du kannst jeden Tag mit dem Fahrrad zur Universität fahren.
B: Das finde ich auch schön, aber ich möchte nicht im Zentrum wohnen.
A: Ich verstehe. Hier ist noch eine Wohnung, die kostet dreihundertfünfzig warm. In der Bergstraße.
B: Gut, wo liegt denn das?
A: Das weiß ich auch nicht. Bring doch mal den Stadtplan.
B: Das ist hier. Ein bisschen weit außerhalb!
A: Ja, du brauchst ein Auto.

B: Ich kann mir noch kein eigenes Auto leisten.
Vielleicht kann ich mit dem Bus fahren.

A: Ja, stimmt. Das ist auch gut für die Umwelt.

A: 안녕, 마르쿠스, 뭐하고 있어?

B: 안녕, 사라! 난 지금 새 집을 구하는 중이야.

A: 왜? 넌 지금 아주 멋진 방 두 개짜리 집에서 살고 있잖아.

B: 응, 그게 문제야. 그 멋진 집이 집세가 너무 비싸거든.

A: 흠, 그건 문제로군. 헤이, 여기 좀 봐. 여기 방 하나짜리 집 광고가 있어.

B: 그 집이 얼만데?

A: 한 달에 400유로.

B: 그렇게 비싸지는 않네. 그 집이 어디 있는데?

A: 카우프하우스 근처. 그러니까 완전히 시내야.

B: 거긴 너무 소음이 많은데.

A: 맞아. 하지만 넌 매일 자전거 타고 학교에 갈 수 있잖아.

B: 나도 그건 좋다고 생각하지만, 난 시내에는 살고 싶지는 않아.

A: 이해할 수 있어. 여기 또 집이 하나 있다. 집세가 난방비 합해서 350유로고, 베르크슈트라세에 있네.

B: 좋네. 근데 거기가 어딘데?

A: 그건 나도 몰라. 시가 지도를 가져와 봐.

B: 여기 있어. 외곽 쪽으로 좀 떨어져 있군.

A: 응, 차가 있어야겠네.

B: 난 아직 차 가질 형편은 안 돼.
아마도 버스를 타고 다닐 수 있을 거야.

A: 맞아, 그게 환경에도 좋지.

2 어휘

suchen ⓢ ~ 을 찾다, 구하다
die Miete 집세
kosten ⓢ 값이 ~ 이다.
der Monat 달
die Zweizimmerwohnung 방 두 개짜리 집
die Anzeige 광고
die Einzelzimmerwohnung 방 하나짜리 집
im Monat 한 달에

das Kàufhaus 백화점
im Zentrum 시내에서
jeden Tag 매일, 날마다
die Universität 대학
warum 왜
das Auto 자동차
der Bus 버스
das Zentrum 중심, 시내
der Lärm 소음
das Fahrrad 자전거
Das finde ich auch schön 나도 좋다고 생각해
der Stadtplan 도시 지도, 시가 지도
vielleicht 아마도
die Umwelt 주변, 환경

3 한 걸음 더

❑ 교통 수단

제15강에서 교통 수단을 비롯해서 이동할 때 쓰는 표현에 대해 공부했습니다. 지하철이나 버스, 택시 등의 탈것을 타고 이동할 때에는 다음과 같은 표현을 씁니다.

Ich fahre mit der Bahn.
mit dem Zug.
mit dem Taxi.
mit dem Auto.
mit dem Bus.

그런데 걸어간다는 표현을 할 때에는 전치사 mit을 쓰지 않고 zu를 씁니다.

Ich gehe zu Fuß.

이 강에서는 자전거를 타고 간다는 표현이 나왔습니다. 이 표현과 함께 대학에 타고 갈 수 있는 교통 수단을 연습해 보겠습니다.

Du kannst jeden Tag mit dem Fahrrad zur Universität fahren.
mit dem Auto
mit dem Taxi
mit der U-Bahn

대학교에 걸어간다는 표현은 어떻게 될까요. "나는 매일 대학에 걸어서 갈 수 있어." 라는 표현을 독일어로 작문해 볼까요?

Ich kann jeden Tag zu Fuß zur Universität gehen.

"우리는 매일 아침 버스로 학교에 가야 해."라는 표현을 만들어 볼까요?

Wir müssen jeden Morgen mit dem Bus zur Schule fahren.

계속 화법 조동사를 이용해서 교통 수단에 관한 표현을 연습해 보겠습니다.

Ihr könnt nicht jeden Tag mit dem Taxi zur Universität fahren.
Du musst jeden Morgen mit dem Bus zur Schule fahren.
Wir können jeden Tag zu Fuß nach Hause gehen.
Kann ich heute Abend mit deinem Auto in die Stadt fahren?

❑ 2격 명사구

이 부분은 '구조'에서 2격에 대한 사항을 먼저 잘 읽어 본 후 연습할 것을 권장합니다.

그건 아버지의 책상이야.
Das ist der Tisch meines Vaters.

네 동생의 숙제가 뭐야?
Was ist die Hausaufgabe deines Bruders?

그녀 어머니의 책을 좀 줘 봐.
Gib mir das Buch ihrer Mutter

여름에 여행을 떠나자는 내 친구들의 제안이 무척 마음에 든다.
Der Vorschlag meiner Freunde, im Sommer zu verreisen, gefällt mir gut.

4 구조

❑ 2격의 용법과 어미 변화

제23강에서 설명했던 내용을 기억해 보기 바랍니다. 2격은 현대 독일어에서 점점 드물게 쓰는 추세입니다. 전치사 중에는 2격 지배 전치사도 있지만 실제로 말을 할 때에는 3격 지배로 사용하기도 합니다. 그 때문에 우리가 관사표를 완성시키지 못하고 이제야 다 공부하게 된 것인데요, 비록 많이 사용되지는 않는다고 해도 책을 읽을 때, 서류 등의 문서를 읽을 때에는 꼭 필요하므로 이 강에서 공부하도록 하겠습니다. 그러면 2격의 정관사와 부정관사 변화를 공부하면서 우리가 지금까지 배운 관사 변화표를 완성시켜 볼까요?
먼저 정관사 변화표입니다. 빨간 글씨로 표현한 것이 지금껏 비워 두었던 2격 정관사입니다.

	남성	여성	중성	복수
1격(주격)	der	die	das	die
2격(소유격)	des	der	des	der
3격(여격)	dem	der	dem	den
4격(목적격)	den	die	das	die

다음은 부정관사 어미변화입니다.

	남성	여성	중성
1격(주격)	ein	eine	ein
2격(소유격)	eines	einer	eines
3격(여격)	einem	einer	einem
4격(목적격)	einen	eine	ein

이렇게 해서 드디어 우리가 오랫동안 함께 공부해 온 독일어 관사 변화표가 완성되었습니다! 이 표가 바로, 독일어를 배우는 사람들이 무슨 주문처럼 외워대던 그 유명한 "데어데스뎀덴…"입니다. 이 관사표를 다 외우고 있다고 해서 실제로 사용할 수 있는 것도 아니고, 또 여기 쓰인 관사들 중에선 여러분이 일상 회화에서는 아주 드물게만 사용하게 될 것들도 있습니다. 그래서 우리는 처음부터 이 관사표를 다 공부하지 않고 조금씩 채워 온 것인데요, 이제는 빈칸을 다 메웠으니 천천히 잘 보시고 그 쓰임을 눈여겨보기 바랍니다. 그런데 2격의 명사구를 쓸 때에는 한 가지 더 주의할 점이 있습니다! 이미 말씀드린 것처럼 2격으로 쓰인 강변화 명사는 어미 변화를 합니다.

명사 + (e)s

이런 형태로 어미 변화를 시켜 주어야 합니다.
따라서 강변화 명사의 2격은 아래와 같습니다.

meines Vaters　　des Lehrers　　eines Landes　　eines Tages

그러나 규칙 변화하는 명사, 즉 약변화 명사는 2격에서 어미가 변화하지 않습니다.

ihrer Mutter　　der Lehrerin　　dieser Stadt　　einer Nacht

❏ 불변화사

이 강에서 불변화사가 쓰인 문장을 살펴보도록 하겠습니다.

Tag, Markus! Was machst du denn da?

Das ist nicht viel. Wo liegt die Wohnung denn?

Da ist aber zu viel Lärm.

Bring doch mal den Stadtplan!

독일어에는 그 외에도 다음과 같은 매우 다양한 불변화사가 있습니다.

auch, eben, eigentlich, etwa, ja, mal, nur, schon, überhaupt, vielleicht, wohl

초급 독일어 회화를 공부하는 우리가 그 불변화사를 적절하게 사용하기는 매우 어렵습니다. 섣불리 사용하면 외국인이 한국어 조사를 잘못 사용하는 것처럼 어색한 표현이 될 수 있습니다. 그러므로 우선은 그런 말을 들었을 때 제대로 이해할 수 있도록 잘 보아 두고 그 쓰임을 익혀 두도록 합니다.

Wohin gehen wir denn heute Abend essen?

So habe ich das doch nicht gemeint.

Aber natürlich weiß ich das!

❑ 부사의 어순

일반적으로 부사는 동사 뒤에 쓰입니다.

Das ist hier.

그런데 여러 개의 부사가 함께 쓰일 때에는 순서가 어떻게 될까요? 영어의 경우 여러 개의 부사, 혹은 부사구가 함께 쓰일 때 그 순서는 장소 + 방법 + 시간의 순서입니다. 독일어에서는 그렇지 않습니다. 독일어의 경우 부사의 순서는 그 반대가 됩니다. 즉 시간 + 방법 + 장소로 기억해 두면 편리합니다. 독일어로는 Te + Ka + Mo + Lo라고 외우기도 합니다.

Te(mpus) + Ka(usal) + Mo(dal) + Lo(kal)

시간 + 인과 + 양상 + 장소

여기에서 인과와 양상의 부사는 함께 방법의 부사라고 할 수도 있습니다. 어쨌든 중요한 것은 독일어와 영어의 부사 어순이 반대라는 것입니다.

Du kannst jeden Tag mit dem Fahrrad zur Universität fahren.

❑ 독일어 시제에 무슨 일이 생겼는가! 사라진 진행형

독일어에는 진행형이 없습니다. 아직 배우지 않았지만 완료형은 있습니다. 그래서 독일어에는 영어에 비해 시제의 종류가 적습니다. 몇 개일까요? 딱 영어의 절반입니다. 독일어에는 다음의 여섯 가지 시제가 있습니다.

현재	현재완료
과거	과거완료
미래	미래완료

영어에는 이들 여섯 개의 시제에 각각 진행형이 하나씩 첨가되어 모두 열두 개의 시제가 있습니다. 그렇다면 독일어는 영어보다 시간에 관한 의미 표현이 자유롭지 못한 언어일까요? 절대 그렇지 않습니다. 독일어의 현재 시제는 진행형의 의미를 포함해서 포괄적으로, 보다 폭 넓은 의미 영역을 표현할 수 있습니다. 쉽게 말해서 현재형이 현재 진행형으로 쓰입니다. 그러면 구분이 되지 않는 것 아니냐고 생각할지 모르지만 문맥에 따라 구분하여 이해하는 데에는 전혀 어려움이 없습니다.
이 강에서 사용된 표현을 한번 살펴보겠습니다.

Was machst du denn da?
Ich suche eine neue Wohnung.

이 표현들에 해당하는 영어 표현은 다음과 같습니다.

What are you doing there?
I'm searching for a new house.

다음 표현들을 연습해 보겠습니다.

너 뭐 하고 있니? Was machst du denn?
나 지금 너한테 편지 쓰고 있어. Ich schreibe dir gerade einen Brief.
걔네들은 지금 축구를 하고 있어. Sie spielen jetzt Fußball.
네가 공부하고 있을 동안 난 자고 있을게. Während du lernst, schlafe ich doch.

5 Tipp

❑ Wohnung oder Haus?

독일어의 Wohnung이라는 표현은 한국어로 번역하기가 상당히 난해한 표현입니다. 보통 거주지, 집, 이렇게 표현합니다만, 또 다른 독일어 표현 Haus와 구분해야 합니다.

한국어에서 집이란 어떤 식의 거주 형태이건 거주 장소 전반을 뜻합니다. 그러나 독일어에서 거주 장소는 그 종류와 형태에 따라 차이가 있습니다. 한국어의 단독주택에 해당하는 독일어는 Haus이고, 다세대가 사는 건물의 일부에서 거주하는 형태의 집은 Wohnung이라고 합니다.

❑ warme Miete

본문에 Miete에 warm을 덧붙이는 부분이 나옵니다. Miete를 warm 혹은 kalt로 구분하는 것은, 전기세, 수도세, 난방비 등의 비용이 집세에 포함되어 있느냐 아니냐 여부를 표현하는 것입니다. 포함되어 있는 경우 따뜻한 집세(warme Miete), 포함되어 있지 않은 경우 차가운 집세(kalte Miete)라고 한다는 것은 쉽게 짐작할 수 있겠지요?

밤베르크 대성당의 모습입니다. 중세의 모습을 아직도 간직하고 있는 아름다운 건물입니다.

제27강

Wie komme ich zum Park?

1 기본 대화와 표현

A: Entschuldigen Sie bitte, ich möchte zum Rathaus.

C: Tut mir Leid, ich bin nicht von hier.

B: Aber ich weiß es. Das liegt nicht weit von hier.

A: Schön! Kann ich vielleicht zu Fuß gehen?

B: Ja, das ist ganz einfach. Sie müssen nur diese Straße geradeaus gehen.

A: Sie meinen, diese Straße hier?

B: Ja, etwa 150m.

A: Ja, und dann?

B: Bei der Post biegen Sie nach links ab.

A: Bei der Post.

B: Ja, dann kommen Sie in die Schöllerstraße.

A: Schöllerstraße, ja.

B: Dann gehen Sie bis zur Ampel.
Bei der Ampelkreuzung müssen Sie nach rechts abbiegen.

A: Ja.

B: Da können Sie das Rathaus sehen.

A: Also, zuerst diese Straße geradeaus, dann bei der Post links abbiegen und dann bei der Ampelkreuzung nach rechts abbiegen, ja?

B: Richtig!

A: Vielen Dank! Auf Wiedersehen!

B: Keine Ursache! Auf Wiedersehen!

A: 실례합니다. 시청으로 가고 싶은데요.
C: 죄송합니다. 제가 여기 살지 않아서요.
B: 하지만 제가 알아요. 여기서 멀지 않은 곳에 있어요.
A: 잘됐네요! 혹시 걸어서 갈 수 있나요?
B: 네, 아주 쉬워요. 이 길을 따라 곧장 가시기만 하면 됩니다.
A: 그러니까, 이 길 말씀이신 거죠?
B: 네, 약 150미터 정도요.
A: 네, 그러고 나서는요?
B: 우체국을 끼고 왼쪽으로 꺾어지세요.
A: 우체국 끼고요.
B: 예, 그러면 쉴러슈트라세가 나와요.
A: 쉴러슈트라세요, 네.
B: 그러고 나서 신호등까지 가세요.
신호등 사거리에서 오른쪽으로 꺾어야 해요.
A: 네.
B: 그러고 나면 시청이 보일 거예요.
A: 그러니까, 우선 이 길을 따라 쭉 가다가, 우체국을 끼고 왼쪽으로 돈 다음에 신호등 사거리에서 오른쪽으로 꺾어지라는 거죠, 네?
B: 맞아요!
A: 감사합니다! 안녕히 가세요!
B: 별 말씀을요! 안녕히 가세요!

2 어휘

das Rathaus 시청
weit von 3격 ~ 로부터 먼
zu Fuß gehen 걸어서 가다
geradeaus ㊊ 곧장, 직진해서
etwa ㊊ 대략
bei der Post 우체국에서
abbiegen ㊍ 꺾어지다
nach rechts 오른쪽으로
richtig ㊎ 올바른, 맞는
Entschuldigen Sie! 죄송합니다, 실례합니다
Tut mir Leid! 죄송합니다, 유감입니다
Es tut mir Leid! 그것 유감입니다, 안되었군요
von hier sein 여기 출신이다, 여기 사람이다
die Post 우체국
die Ampel 신호등
die Ampelkreuzung 신호등 사거리
nach links 왼쪽으로

Keine Ursache! 아무 일도 아니다, 별 일도 아니다

3 한 걸음 더

❑ ~ 로 가려면 어떻게 가나요?

먼저 '~ 로 가려면 어떻게 가나요?'라는 표현을 어떻게 하는지 볼까요?

Wie komme ich zu / nach / auf / … + 장소?

이와 같이 표현합니다. 이 표현을 이용해서 다양한 장소에 대한 질문을 만들어 볼까요?

우체국으로 가려면 어떻게 가야 하나요?	Wie komme ich zur Post?
공항에 어떻게 가나요?	Wie komme ich zum Flughafen?
기차역에 가려면 어디로 가나요?	Wie komme ich zum Bahnhof?
백화점에 가는 길이 어디인가요?	Wie komme ich zum Kaufhaus?

이러한 질문에 대한 대답은 어떻게 될까요? 다양한 대답 방식이 있겠지요?

그건 아주 간단해요.	Das ist ganz einfach.
그건 굉장히 복잡한데요.	Das ist sehr kompliziert.
걸어서 가실 수 있어요.	Sie können zu Fuß gehen.
버스를 타고 가는 것이 가장 좋아요.	Sie fahren am besten mit dem Bus.

❑ 곧바로 쭉 가세요

원하는 장소로 가는 길은 아마 복잡하고도 멀겠지만 우선은 직진하는 것부터 배워 볼까요? '곧바로'라는 의미는 geradeaus라는 부사로 표현합니다.

곧바로 쭉 가세요.	Sie gehen geradeaus.
이 길을 곧바로 쭉 가셔야 합니다.	Sie müssen diese Straße geradeaus gehen.
신호등까지 곧장 가셔야 합니다.	Sie müssen bis zur Ampel geradeaus gehen.

❑ ~에서 오른쪽 / 왼쪽으로 꺾어지세요

'오른쪽으로' 혹은 '왼쪽으로'라는 표현은 다음과 같습니다.

nach + links / rechts

한국어로 '꺾어지세요'라고 흔히 표현할 수 있는, 방향을 튼다는 표현은 동사 abbiegen을 사용합니다. 그러면 다음의 표현들을 독일어로 연습해 보겠습니다.

좌회전하셔야 합니다.	Sie müssen nach links abbiegen.
그리고 나서 오른쪽으로 꺾으세요.	Dann biegen Sie nach rechts ab.
우체국에서 오른쪽으로 꺾어서 가셔야 합니다.	Bei der Post müssen Sie nach rechts abbiegen.

4 구조

❑ 어순

제26강에서 공부했던 독일어 문장의 어순에 대해 다시 한 번 복습해 보겠습니다. 독일어 구문에서 동사의 위치는 매우 중요합니다.

Ich	möchte	zum Rathaus.
Sie	müssen	nur diese Straße geradeaus gehen.
Bei der Post	biegen	Sie nach links ab.
Dann	kommen	Sie in die Schöllerstraße.
Bei der Ampelkreuzung	müssen	Sie nach rechts abbiegen.

본문에 쓰인 문장들 중 몇 개를 모아 보았습니다. 의문문이나 명령문이 아닌 평서문에서, 문장의 첫 번째 자리는 무엇이 차지해도 상관 없습니다. 주어가 되었건 부사구가 되었건 부사가 되었건, 그 무엇이 와도 상관 없이 동사는 두 번째 자리를 굳건히 지킵니다. 만일 동사가 두 개 이상인 문장이라면, 시제와 인칭에 따라 변화하는 동사 하나만 두 번째 자리에 쓰이고 나머지 동사는 문장의 맨 뒤에 쓰입니다.

❑ Sie에 대한 명령 복습

대상에 따라 명령형이 달라지는 것을 앞에서 공부했습니다. 이번 강에서는 그중에서 존칭 Sie에 대한 명령법을 복습해 보겠습니다.

Entschuldigen Sie bitte.

Dann gehen Sie bis zur Ampel.

Entschuldigen Sie!라는 말은 독일어를 공부하면서 거의 맨 처음에 배우는 표현입니다. 잘 보시면 원래 이 표현은 명령문인 것을 알 수 있습니다. Sie에 대한 명령입니다. 직역하자면 '나의 잘못을 용서해 주십시오'라고 할 수 있습니다.

다시 한 번 정리해 보자면 Sie에 대한 명령형은

동사의 부정형 + Sie

입니다. 다음의 문장들을 연습해 보세요.

이 길을 따라 쭉 가세요.	Gehen Sie diese Straße geradeaus.
오른쪽으로 꺾어지세요.	Biegen Sie nach rechts ab!
천천히 운전하세요.	Fahren Sie langsam!

5 Tipp

❑ 전치사의 부사 지배

전치사는 명사 혹은 명사구를 지배하는 것이 일반적입니다. 길 묻기에서 등장한 nach links, nach rechts는 꼭 그렇지만은 않다는 것을 보여 주고 있습니다. 전치사 nach는 방향성을 의미하는 전치사입니다. 독일어를 배우는 중인 사람들은 영어의 전치사 to에 해당하는 독일어의 방향 전치사를 nach라고 생각하는 경향이 있는데 '~ 로'의 의미를 표현하고 싶지만 어떤 전치사를 써야 할지 모른다면 zu를 쓰는 것이 더 안전합니다. 다만 '집으로'라는 표현은 예외적으로 nach를 씁니다.

nach Hause

'위로', '아래로' 혹은 '오른쪽으로', '왼쪽으로'와 같은 방향을 나타낼 때에는 nach를 씁니다. 즉 전치사 + 부사의 결합이 가능합니다.

왼쪽으로	nach links
오른쪽으로	nach rechts
위로	nach oben
아래로	nach unten

제28강

Darf ich vorstellen?

1 기본 대화와 표현

A: Ich glaube, Sie kennen sich noch nicht. Darf ich vorstellen?
Herr Kramer, Frau Ehlich.

B: Angenehm.

C: Ich freue mich!

A: Herr Kramer arbeitet in einem Sprachinstitut, Frau Ehlich lehrt Deutsch auf einem Gymnasium.

C: Ach so? Sie sind ja Deutschlehrerin.

B: Ja, richtig. Und was machen Sie im Institut?

C: Ich lehre auch Deutsch, für Ausländer.

B: Gibt es dann nur Ausländer in Ihrem Unterricht?

C: Ja, natürlich. Deutsche können Deutsch zum Beispiel bei Ihnen lernen.

B: Stimmt. In meiner Klasse lernen die Schülerinnen und Schüler vor allem Aufsätze zu schreiben und zu diskutieren.

C: Und bei mir lernen die ausländischen Studenten lesen, sprechen, schreiben usw. Das nennt man DaF, Deutsch als Fremdsprache.

B: Ich interessiere mich sehr für DaF.

C: Viele Deutsche Lehrerinnen und Lehrer interessieren sich dafür.
Sie beschäftigen sich mit ausländischen Schülern.

B: Wissen Sie, viele Ausländer beschweren sich, dass Deutsch schwer zu lernen ist.

C: Ja natürlich, das wissen wir auch. Aber jede Sprache ist schwer zu lernen.

A: Ja, aller Anfang ist schwer. Kommen Sie, gehen wir zum Mittagessen.
Es ist schon halb eins!

A: 여러분들 서로 아직 잘 모르실 것 같은데, 제가 소개를 해도 될까요? 크라머 씨, 엘리히 씨입니다.

B: 반갑습니다.

C: 반갑습니다.

A: 크라머 씨는 어학원에서 일하고 있고, 엘리히 씨는 고등학교에서 독일어를 가르치세요.

C: 아, 그러십니까? 독일어 선생님이시군요.

B: 맞아요. 선생님은 어학원에서 무슨 일을 하시나요?

C: 저도 독일어를 가르치는데요, 외국인을 대상으로요.

B: 선생님 수업에는 그럼 외국인만 있는 건가요?

C: 네, 물론이죠. 독일 사람들이야 예를 들면 선생님한테서 독일어를 배울 수 있잖아요.

B: 그렇죠. 제 수업에서는 학생들이 작문을 하거나 토론을 하는 것을 배워요.

C: 그리고 저한테서 외국인들은 읽기, 말하기, 쓰기를 배우지요. 이걸 DaF 즉, '외국인을 위한 독일어'라고 합니다.

B: 저는 DaF에 관심이 많아요.

C: 많은 독일어 선생님들이 관심 있어 하시죠. 그 선생님들이 외국인 학생들을 가르치시니까요.

B: 아세요? 많은 외국인들이 푸념을 해요. 독일어가 배우기 어렵다고요.

C: 우리도 알고 있습니다. 하지만 모든 언어가 배우기 어려운 거죠.

A: 그래요, 시작은 늘 어려운 겁니다. 오세요, 점심 먹으러 갑시다. 벌써 12시 반이에요!

2 어휘

sich(4격) vorstellen 소개하다

angenehm ⓗ 편안한, 유쾌한

sich freuen 기뻐하다

das Sprachinstitut 어학연구소

das Gymnasium 김나지움

auf einem Gymnasium 고등학교에서

Deutschlehrerin 독일어 선생님(Deutsch + Lehrerin)

der Unterricht 강의, 수업

der Deutsche 독일인(남자)

zum Beispiel 예를 들어

Stimmt! 맞다

Das stimmt. 그게 맞아, 맞는 말이야

die Klasse 수업

vor allem 무엇보다도

der Aufsatz 작문

diskutieren ㉯ 토론하다

ausländisch ㉱ 외국의

nennen ㉯ 이름 붙이다, ~ 라 부르다

sich mit 3격 beschäftigen ~ 에 종사하다

schwer ㉱ 어려운, 무거운

das Mittagessen 점심 식사

DaF 외국인을 위한 독일어 Deutsch als Fremdsprache

sich für 4격 interessieren ~ 에 관심이 있다, 흥미가 있다

das Diskutieren 토론

usw.(und so weiter) 기타 등등

die Fremdsprache 외국어

sich beschweren 불평하다

der Anfang 시작

❑ Deutsch · Deutsche

지금까지 몇몇 국가 이름, 그 나라 사람 혹은 그 나라 언어에 해당하는 어휘들을 배웠습니다. 이 강에서는 우리가 자주 말하게 되는 나라 이름의 독일어 표기에 대해 공부하겠습니다.

국가	국민	언어	형용사
Amerika	Amerikaner, Amerikanerin	Englisch, Amerikanisch	amerikanisch
China	Chinese, Chinesin	Chinesisch	chinesisch
Deutschland	Deutscher, Deutsche	Deutsch	deutsch
England	Engländer, Engländerin	Englisch	englisch
Frankreich	Franzose, Französin	Französisch	französisch
Italien	Italiener, Italienerin	Italienisch	italienisch
Japan	Japaner, Japanerin	Japanisch	japanisch
Korea	Koreaner, Koreanerin	Koreanisch	koreanisch
Österreich	Österreicher, Österreicherin	Österreichisch	österreichisch
die Schweiz	Schweizer, Schweizerin	Schweizerdeutsch, Französisch, Italienisch, Rätoromanisch	schweizerisch

3 한 걸음 더

이 강에서는 처음 만난 사람들끼리 서로 인사하기를 공부하겠습니다. 또 자신이나 타인을 소개할 때 쓰는 표현도 익혀 보겠습니다.

먼저 스벤이 한 말, "서로 모르시죠?"라는 말을 볼까요?

Sie kennen sich noch nicht.

동사 kennen은 '누구를 알다, 알고 지내다'라는 표현으로 쓸 수 있습니다. 존칭인 Sie에 대한 재귀 대명사 sich를 이용해서 '서로 알고 지내다'라는 표현을 sich kennen이라고 합니다. '제가 소개를 해도 될까요?'라는 표현은

Darf ich vorstellen?

입니다. 만일 '제가 제 자신을 소개해도 될까요?'라고 말하고 싶다면 어떻게 할까요?

Darf ich mich vorstellen?

'당신을 소개해 주세요!'라는 표현은 아래와 같습니다.

Stellen Sie sich vor!

소개를 받았을 때에는, "당신을 만나뵙게 되어 기쁩니다"라는 말을 해야겠지요?

Ich freue mich, Sie kennen zu lernen.
Ich freue mich!
Angenehm!

모두 비슷한 표현으로 소개를 받았을 때 예의 바르게 할 수 있는 말들입니다. 서로 모르는 두 사람을 소개시킬 때에는 남자를 여자에게, 연소자를 연장자에게 먼저 소개하는 것이 좋습니다. 그러면 다음과 같은 소개의 상황들을 연습해 보겠습니다.

A: Darf ich mich vorstellen? Ich bin Maria Braun.
B: Guten Tag, Frau Braun. Mein Name ist Sven Müller.
A: Ich freue mich, Sie kennen zu lernen.
B: Ich freue mich auch!

A: Kennen Sie sich noch nicht?
B, C: Nein, noch nicht.
A: Petra, das ist Jochen. Jochen, das ist Petra.
B: Hallo, Jochen! Angenehm.
C: Hallo, Petra! Ich freue mich!

4 구조

❑ 조어법

지금까지 독일어 어휘들을 공부하면서 두 가지 점을 느꼈을 겁니다. 첫째는 영어에

비해 한 단어의 길이가 길다는 것, 둘째는 그럼에도 불구하고 그 뜻을 파악하는 것이 생각보다 쉽다는 것입니다. 예컨대 다음 단어를 보겠습니다.

Deutschlehrerin

이 단어는 철자가 15개나 되는 긴 단어이고, 지금까지 한 번도 나온 적이 없는 단어이지만 여러분 대부분은 그 의미를 어렵지 않게 맞히셨을 겁니다. 네, 이 단어는

Deutsch + Lehrerin

이렇게 구성된 단어입니다. 그래서 이미 알고 있는 두 단어의 뜻을 엮으면 쉽게 의미를 알 수 있습니다. 독일어에는 이런 단어들이 많습니다. 이처럼 두 개 이상의 어휘를 합해서 하나의 새로운 어휘를 만들어내는 것을 조어, 즉 Wortbildung이라고 합니다. 조어에 의해 만들어진 명사의 경우, 성은 맨 뒤에 오는 명사의 성을 따릅니다. 즉 위의 예에서 맨 나중에 쓰인 명사인 Lehrerin이 이 명사의 성을 결정하는 것입니다. 독일어의 조어들은 실로 다양한 방식으로 결합되지만, 이 강에서는 명사 + 명사의 형태만 우선 공부하겠습니다.

das Sprachinstitut ⇒ die Sprache + das Institut
die Deutschlehrerin ⇒ das Deutsch + die Lehrerin
das Mittagessen ⇒ der Mittag + das Essen

❑ 재귀 동사

이 강에서는 독일어의 재귀 동사를 새로 익힙니다. 재귀 동사 혹은 재귀 대명사는 한국어에는 없는 개념이지만 영어를 배울 때 재귀 대명사에 대해 공부한 적은 있을 것입니다. 독일어의 재귀 대명사도 '자기 자신'의 의미인 것은 대략 비슷하지만, 영어와는 차이점이 있습니다. 첫째로, 독일어의 재귀 대명사는 번역이 거의 안 됩니다. 문법적으로 필요한 성분이라고 생각하시면 됩니다. 둘째, 독일어의 재귀 대명사는 격변화를 합니다. 이 강에서는 일단 4격 재귀 대명사만 익히겠습니다.

ich	mich	wir	uns		
du	dich	ihr	euch	Sie	sich
er, es, sie	sich	sie	sich		

일인칭과 이인칭은 단수이건 복수이건 상관없이 재귀 대명사가 인칭 대명사와 같은 형태입니다. 그리고 나머지는 모두 sich를 씁니다. 그래서 재귀 대명사들의 대표형으로 sich를 사용합니다. 재귀 대명사를 필요로 하는 동사를 재귀 동사라고 합니다. 그

러면 이 강에서 쓰인 재귀 동사를 정리해 볼까요?

sich freuen
sich für 4격 interessieren
sich kennen
sich mit 3격 beschäftigen
sich über 4격 beschweren

❑ zum Mittagessen

우리가 잘 아는 전치사인 것 같은데 조금 다르게 보이는 것들이 있죠? 예컨대 zum Mittagessen에서 쓰인 zum은 축약형입니다. 전치사 zu와 정관사 dem이 합해진 형태입니다. 이런 식으로 전치사가 정관사 3격과 합해진 형태 몇 개를 예로 들어 보겠습니다.

Wir sitzen am Tisch.
Die Bücher liegen am Fenster.
Sie sind jetzt im Restaurant.
Im Wohnzimmer gibt es ein Sofa.

전치사 축약형들을 아래와 같이 정리하겠습니다.

zum	⇒	zu dem
am	⇒	an dem
im	⇒	in dem

❑ 소유 대명사 3격 변화

독일어의 소유 대명사는 영어의 소유격과 비슷한 쓰임을 가지고 있고 또 독일어 부정관사의 변화를 따른다고 배웠습니다. 이 강에서는 소유 대명사 3격의 변화를 보겠습니다. 본문 중에 다음과 같은 표현이 있습니다.

In meiner Klasse lernen die Studenten vor allem Aufsätze zu schreiben und zu diskutieren.

붉은 글씨로 표시한 meiner는 ich의 소유 대명사 mein이 부정관사 변화를 한 형태입니다. Klasse가 여성 명사이고 전치사 in이 3격 지배를 하는 형태로 쓰였으므로 부정관사 여성 3격 어미인 –er가 붙은 것입니다. 조금 더 연습해 볼까요?

in meiner Klasse
in meinem Haus

in deinem Zimmer

zu deinem Vater

소유 대명사의 3격 변화를 다음의 표로 정리해 보겠습니다.

인칭 대명사	소유 대명사	남성 3격 변화	여성 3격 변화	중성 3격 변화	복수 3격 변화
ich	mein–	meinem	meiner	meinem	meinen
du	dein–	deinem	deiner	deinem	deinen
er	sein–	seinem	seiner	seinem	seinen
es	sein–	seinem	seiner	seinem	seinen
sie	ihr–	ihrem	ihrer	ihrem	ihren
wir	unser–	unserem	unserer	unserem	unseren
ihr	euer–	eurem	eurer	eurem	euren
sie	ihr–	ihrem	ihrer	ihrem	ihren
Sie	Ihr–	Ihrem	Ihrer	Ihrem	Ihren

❑ wir에 대한 명령문

앞서 공부한 명령문 중에서 wir에 대한 명령문을 다시 한 번 정리해 볼까요? '우리 ~ 하자'라는 표현에 해당하는 이 명령문은 영어로는 'Let's ~' 표현에 해당합니다.

동사의 부정형 + wir

의 형태로 써 주시면 됩니다. 몇 가지 표현을 연습해 볼까요?

본문에 나왔던 표현입니다.

점심 먹으러 가자.	Gehen wir zum Mittagessen.
독일어를 공부하자.	Lernen wir Deutsch!
극장에 가자!	Gehen wir ins Kino!

5 Tipp

❑ Ich glaube …

본문 대화 중에 이런 표현이 나옵니다.

Ich glaube, Sie kennen sich noch nicht.

Ich glaube는 영어의 'I think ~' 혹은 'I believe', 'I guess'처럼 자신의 생각을 말할 때 흔히, 편하게 쓸 수 있는 말입니다. 영어와 마찬가지로 독일어에도 이와 비슷하게 쓸 수 있는 표현이 몇 개 더 있습니다.

Ich meine, ~
Ich denke, ~

독일의 환경도시 프라이부르크에는 도시 전체에 작은 냇물(Bächlein)이 흐르고 있어 청량감을 더해 줍니다.

제29강

Familiensammlung

1 기본 대화와 표현

A: Tag, Hanul! Wo gehst du hin?

B: Tag, Sven! Ich gehe zum Reisebüro.

A: Zum Reisebüro? Machst du eine Reise?

B: Ja, zu Neujahr fahre ich zu meinen Eltern.

A: Da sind die Straßen doch so voll!

B: Ich weiß, aber ich möchte und muss fahren.

A: Warum?

B: Weißt du, zu Neujahr versammeln sich bei uns alle Familienmitglieder.

A: Hm, und feiert ihr, zum Beispiel mit Feuerwerk?

B: Feuerwerk? Nein, das machen wir nicht.
Wir kochen, essen und spielen zusammen. Hauptsache, alle Familienmitglieder sind zusammen.

A: Kommt dann auch dein Bruder?

B: Ja, und seine Frau und seine Kinder auch. Dazu noch die Geschwister meiner Eltern. Ein Onkel, zwei Tanten und vielleicht auch meine Cousins.

A: Interessant! Die ganze Familie kommt also! Deswegen sind die Straßen also so voll!

B: Ja, das stimmt.

A: 안녕, 하늘! 어디 가는 거야?

B: 안녕, 스벤! 여행사에 가는 중이야.

A: 여행사에? 너 여행 가니?

B: 응, 설에 부모님께 가려고.

A: 하지만 그땐 차가 막히잖아!

B: 나도 알아, 하지만 난 가고 싶고 또 가야 해.

A: 왜?

B: 있잖아, 우린 설에 가족이 전부 모여.

A: 흠, 그리고 이를테면 폭죽놀이 같은 걸 하고 놀아?

B: 폭죽? 아니, 우린 그런 거 안 해. 우린 요리해서 먹고 같이 놀고 그래. 중요한 건 가족이 전부 함께한다는 거지.

A: 그럼 너희 오빠도 오는 거야?

B: 응, 올케 언니랑 조카들도 와. 그리고 부모님의 형제자매들도 오셔. 삼촌 한 분, 고모 두 분, 그리고 어쩌면 내 사촌들도 오고.

A: 재미있네! 가족 전체가 오는 거네! 그래서 차가 막히는 거구나!

B: 그래, 맞아.

2 어휘

hingehen ⓢ 가다, (저쪽으로) 가다

die Reise 여행

das Neujahr 새해 첫날

versammeln ⓢ 모으다

der Familienmitglieder 가족 구성원, 가족

das Feuerwerk 폭죽

zusammen sein 함께 있다, 모여 있다

die Tante 숙모, 이모

interessant ⓗ 흥미로운, 재미있는

die ganze Familie 온 가족, 가족 전체

stimmen ⓢ 맞다, 일치하다

das Reisebüro 여행사

eine Reise machen 여행하다

weißt du? 알아? 있잖아

sich versammeln ⓢ 모이다

feiern ⓢ 축하하다, 파티를 열다

die Hauptsache 중요한 것, 요점

der Onkel 아저씨, 삼촌

der Cousin 사촌

ganz ⓗ 매우, 완전히

deswegen ⓑ 그래서

das stimmt 맞다, 그 말이 맞아

❑ Geschwister 가족 관계 어휘 보충 · 복습 · 총정리

지금까지 부모, 형제자매를 비롯해서 친인척 관계에 있는 사람들에 관한 다양한 호칭을 공부했습니다. 이 강에서는 그 이름들을 총정리해 보겠습니다. 다음의 가계도를 보겠습니다. 그림의 Elfriede Fischer가 자신이라고 가정을 해 본다면, 나머지 사람들의 호칭이 어떻게 될까요?

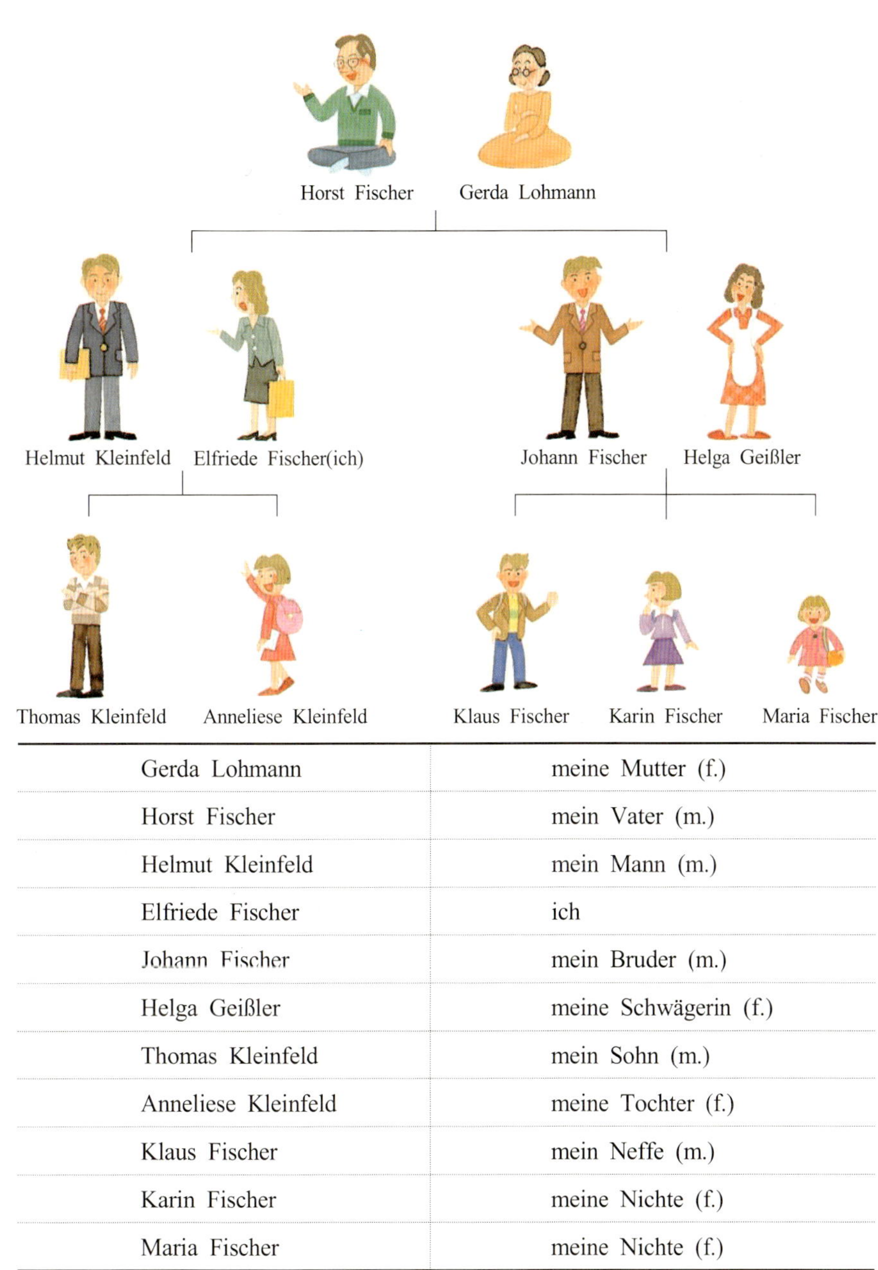

Gerda Lohmann	meine Mutter (f.)
Horst Fischer	mein Vater (m.)
Helmut Kleinfeld	mein Mann (m.)
Elfriede Fischer	ich
Johann Fischer	mein Bruder (m.)
Helga Geißler	meine Schwägerin (f.)
Thomas Kleinfeld	mein Sohn (m.)
Anneliese Kleinfeld	meine Tochter (f.)
Klaus Fischer	mein Neffe (m.)
Karin Fischer	meine Nichte (f.)
Maria Fischer	meine Nichte (f.)

3 한 걸음 더

❑ zu Neujahr

전치사 zu는 지금까지 주로 장소와 관련, 방향을 나타내는 전치사로 쓰이는 경우만 보았지만, 이 강에서는 시간과 관련된 전치사로 쓰이는 것을 볼 수 있습니다.

Zu Neujahr fahre ich zu meinen Eltern.

이 문장은 "설에 나는 부모님께 간다."는 뜻이지요. 전치사 zu는 '~ 에'로 특정 시점을 표현하는 전치사입니다. 다른 예문을 좀 더 볼까요?

A: Wo fährst du in den Ferien hin?
B: Zu Neujahr fahre ich zu meinen Eltern.

A: Was machst du in den Ferien? Vielleicht eine Reise?
B: Ja, in den Ferien mache ich eine Reise.

A: Was macht ihr zu Weihnachten?
B: Zu Weihnachten geben wir eine Party. Kommst du auch?

❑ möchte und muss lernen

대화 중에 나왔던 다음의 표현을 보겠습니다.

Ich weiß, aber ich möchte und muss fahren.

두 개의 화법 조동사가 하나의 동사 부정형을 함께 취하고 있습니다. 영어에서도 이미 이런 표현은 보았을 겁니다. 한국어에서는 동사 전체를 반복해야 하기 때문에 이런 어법에 해당하는 표현이 정확히 없습니다. 다음의 예를 보면서 연습해 보겠습니다.

나는 가고 싶고 또 가야 해.
Ich möchte und muss fahren.

난 독일어를 배우고 싶고 또 배워야 해.
Ich möchte und muss Deutsch lernen.

너희는 이 과제를 할 수 있고 또 해야만 해.
Ihr könnt und müsst diese Aufgabe machen.

나는 술을 마시고 싶지도 않고 마셔서도 안 돼.
Ich möchte und darf keinen Alkohol trinken.

4 구조

❑ 소유 대명사와 kein의 변화

소유 대명사와 kein은 마치 부정관사처럼 어미 변화를 한다는 것을 이미 공부했습니다. 이 강에서는 소유 대명사 2격 변화가 많이 등장합니다. 다음은 본문 대화에서 나왔던 표현입니다.

Dazu noch die Geschwister meiner Eltern.

어미 −er는 복수 2격의 부정관사 어미 변화형입니다. 부정관사는 복수 형태가 없기 때문에 정관사의 복수 변화를 따릅니다. 한 번 연습해 볼까요?

die Geschwister meines Vaters	남성 2격
der Schreibtisch meiner Freundin	여성 2격
die Tasche deines Kindes	중성 2격
die Bücher meiner Eltern	복수 2격

❑ dazu

본문의 대화 중에는 두 개 이상의 성분을 축약해 놓은 형태들이 눈에 띕니다.

Ich gehe zum Reisebüro.
Dazu noch die Geschwister meiner Elltern.

이미 공부한 대로, zum은 zu + dem의 축약형입니다. 전치사 + 정관사는 이처럼 줄여 쓸 수 있습니다. 물론 전치사의 종류에 따라, 정관사의 종류에 따라 축약될 수 있는 경우도 있고 그렇지 않은 경우도 있습니다. 예를 들어 an + den은 줄일 수가 없겠지요? 그러나 an + das는 ans로 축약할 수 있습니다. 한편 이 강에 쓰인 dazu는 조금 다른 축약형입니다. 전치사 zu와 대명사 das가 합해진 형태입니다. 그런데 주의하실 것은 축약형이 되면서 대명사의 형태가 변화한다는 것, 그리고 전치사와 대명사의 위치가 서로 바뀌면서 합해진다는 것입니다. 다른 경우도 연습해 볼까요?

zu dem	⇒	dazu
mit dem	⇒	damit
neben dem	⇒	daneben
von dem	⇒	davon

5

Tipp

❏ Das stimmt!

동사 stimmen은 흔히 '맞다, 일치하다'라는 의미로 해석되는 동사입니다. 일상 회화에서, '맞아! 그래!'라는 표현을 하기 위해 사용하는 동사입니다. 본문 대화 중에도 이 표현이 나왔습니다.

Ja, das stimmt.

'네 말이 맞아'라는 의미로 다음과 같은 표현을 쓸 수도 있습니다.

Richtig!
Du hast Recht!

바이마르의 시내 풍경입니다.

제30강

Ich möchte nach Berlin fahren

1 기본 대화와 표현

A: Ich möchte nach Berlin fahren.

B: Wann möchten Sie fahren?

A: Heute, gegen 13 Uhr.

B: Um halb zwei fährt ein Zug nach Berlin ab.

A: Kann ich vielleicht ein bisschen früher fahren?

B: Um elf Uhr gibt es noch einen Zug nach Berlin.

A: Hm, dann lieber später.

B: Also um 13:30?

A: Ja, bitte.

B: Sie steigen in München um und···

A: Muss ich umsteigen?

B: Ja, aber nur einmal. Das ist dann ein ICE.

A: Wann fährt der Zug in München ab?

B: Um 15:05. In Berlin kommen Sie um 20:15 an.

A: Gibt es keine direkte Verbindung nach Berlin?

B: Doch, aber der Zug fährt erst um 15 Uhr ab.

A: Dann fahre ich lieber über München.
Was kostet eine Fahrkarte?

B: Einfach, oder hin und zurück?

A: Hin und zurück, bitte.

B: Fahren Sie erster oder zweiter Klasse?

A: Zweiter Klasse, und kann ich bitte einen Platz reservieren?

B: Freilich! Am Fenster oder am Gang?

A: Am Fenster, und ich bin Nicht-Raucher.

B: Alles klar. Das kostet 340 Euro.

A: 베를린으로 가려고 하는데요.

B: 언제 가시려고요?

A: 오늘, 13시쯤에요.

B: 한시 반에 베를린 가는 열차가 하나 출발합니다.

A: 좀 더 일찍 출발할 수 있을까요?

B: 11시에도 베를린 가는 기차가 하나 있습니다.

A: 흠, 그러면 차라리 좀 늦게 가는 게 낫겠어요.

B: 그러면 1시 반으로요?

A: 네, 부탁드립니다.

B: 뮌헨에서 갈아타시고요, 그리고…

A: 갈아타야 하나요?

B: 네, 한 번만 갈아타시면 되고요, ICE입니다.

A: 뮌헨에서는 기차가 몇 시에 출발하는데요?

B: 15시 5분에요. 베를린에는 20시 15분에 도착합니다.

A: 베를린까지 직행은 없나요?

B: 있죠, 하지만 그 기차는 15시는 돼야 출발합니다.

A: 그럼 전 그냥 뮌헨 거쳐서 가는 게 좋겠어요. 차표는 얼마인가요?

B: 편도로요, 아니면 왕복으로요?

A: 왕복으로 부탁합니다.

B: 일등석으로 가실 건가요? 아니면 이등석으로?

A: 이등석으로요, 그리고 좌석을 예약할 수 있을까요?

B: 물론이죠. 창가 쪽요? 아니면 복도 쪽요?

A: 창가자리로 부탁드리고요, 담배는 안 피웁니다.

B: 잘 알겠습니다. 340유로입니다.

2 어휘

gegen ㉠ ~ 에 반해서, 반대로

ein bisschen 약간, 조금

abfahren ㉯ 출발하다

früher ㉰ 더 이른, 이 전의

früh – früher – frühst
lieber ㉪ gern, lieb의 비교급
später ㉪ spät의 비교급
also ㉫ 그러니까, 그래서
einmal ㉫ 한 번, 한때는
ankommen ㉯ 도착하다
die Verbindung 연결
der Zug, die Züge 기차
über München 뮌헨을 경유하여
der Gang 복도
am Fenster 창가에
zweit ㉬ 두 번째의
rauchen ㉯ 담배를 피우다
klar ㉪ 맑은, 명백한
es gibt + 4격 ~이 있다
gern – lieber – liebst
spät – später – spätest
umsteigen ㉯ (탈것을) 갈아타다
ICE 독일의 고속열차
direkt ㉪ 직접적인
doch ㉫ 그렇지만, 그럼에도 불구하고
über ㉭ ~ 을 경유하여
kosten ㉯ 값이 얼마이다
das Fenster 창
erst ㉬ 첫 번째의, 최초의
die Klasse 계급, 등급, 학급
der Raucher 흡연자

❑ Freilich!

본문의 대화 중에서 다음과 같은 이야기를 나누는 장면이 있습니다.

A: Kann ich bitte einen Platz reservieren?
B: Freilich!

좌석을 예약할 수 있느냐는 질문에 대해 흔쾌히 "물론이죠!"라고 대답하는 장면입니다. 영어로는 Of course!라는 표현에 해당하겠지요. 일상에서 유용하게 쓰이는 말인데, 독일 북부에서는 잘 사용하지 않고 독일 남부나 오스트리아에서 종종 사용하는 말입니다. 비슷하게 쓸 수 있는 다른 독일어 표현도 함께 익혀 보겠습니다.

Selbstverständlich!
Natürlich!
Na Klar!

3 한 걸음 더

❑ Steigen Sie in München um!

이 강에서는 탈것을 타고 이동하는 상황에 대한 표현, 기차 등을 갈아타기 위한 표현 등 교통 수단과 관련된 표현을 익히겠습니다. 동사 steigen은 '오르다, 올라가다'의 의미로 쓰입니다. 이 동사에 어떤 전철을 붙이느냐에 따라서 의미가 달라지는 것을 보겠습니다.

Steigen Sie bitte schnell ein!

Alle aussteigen!

Sie müssen einmal umsteigen.

전철 ein은 '안에, 안으로'의 의미가 있습니다. 대략 '안쪽으로 오르다'라는 의미가 되는 분리 동사 einsteigen은 탈것에 올라탄다는 의미의 동사로 새로 태어납니다. 한편 aussteigen의 전철 aus는 안에서 밖으로 향하는 의미가 있으므로 steigen에 덧붙여지면, 탈것에서 내리다라는 뜻의 동사가 됩니다. 그렇다면 umsteigen은 어떤 의미일까요? 전철 um은 바꾸거나 돌아가는 등의 의미를 갖는 경우가 많습니다. 그래서 umsteigen이 갈아타다라는 의미가 된다는 것을 짐작할 수 있을 것입니다.

❑ Erster Klasse, bitte!

이제 차표를 사고 좌석을 예약하기 위한 표현을 공부해 보겠습니다. 먼저, 어디로 가고 싶다는 표현을 보겠습니다. 본문에도 나왔었지요?

Ich möchte nach Berlin fahren.

Ich möchte nach Hamburg fahren.

Ich möchte nach München fahren.

만일 기차나 자동차가 아니라 비행기를 타고 가야 할 목적지라면 다르게 말하겠지요.

Ich möchte nach Seoul fliegen.

이제 어떤 좌석에 타고 가느냐가 문제겠지요? 독일어로 일등석은 erste Klasse, 이등석은 zweite Klasse라고 합니다. '일등석이에요, 아니면 이등석이에요?'라고 물을 때에는 다음과 같이 말합니다.

Erster Klasse oder Zweiter Klasse?

그에 대한 대답은 두 가지가 있겠지요.

Erster Klasse, bitte!

Zweiter Klasse, bitte!

다음으로 필요한 표현은 편도냐, 왕복이냐 하는 것이 되겠습니다. 편도는 단순히 한 번 간다는 의미에서 einfach라 합니다. 반면 왕복은 갔다가 돌아온다는 의미에서 부사 hin과 zurück을 써서 말합니다. 따라서 '편도로 원하세요 아니면 왕복으로 원하세요?'

라는 표현은 다음과 같습니다.

Einfach oder hin und zurück?

4 구조

❏ Lieber später!

본문 중에 나온 Lieber später!라는 표현은 알고 보면 참 재미있는 표현입니다. “차라리 좀 뒤에요.”라는 이 표현은 형용사 두 개로만 이루어져 있는데, 이 두 개의 형용사 모두가 공교롭게도 비교급의 형태입니다. 형용사의 비교급과 최상급의 형태, 그리고 그들이 문장 중에서 명사를 수식하기 위해 쓰였는가 혹은 보어로 쓰였는가에 따라 달라지는 형태 등은 이미 앞에서 반복해서 공부했습니다. 이 강에서는 여기 쓰인 형용사 비교급 lieber를 비롯해서, 불규칙하게 변화하는 형용사 비교급과 최상급만 몇 가지 살펴보겠습니다.

gern — lieber — liebst
viel — mehr — meist
gut — besser — best

다음의 예문을 직접 작문해 볼까요?

난 주말에는 그냥 집에 있는 것을 제일 좋아해.
Am Wochenende bleibe ich am liebsten einfach zu Hause.

저에게 좀 더 많은 시간을 주세요.
Geben Sie mir bitte mehr Zeit.

마지막으로, 반려자라는 말을 독일어로 나의 보다 나은 반쪽이라고 표현하는데, 한번 만들어 볼까요?

meine bessere Hälfte

재미있는 표현이지요? 우리말의 반려자라는 표현과 비슷한 것 같기도 하지만, ‘보다 나은’이라는 표현이 인상적인 것 같습니다.

❏ 어순

Kann ich bitte einen Platz reservieren?

독일어의 어순은 의외로 영어보다 한국어의 어순과 유사합니다. 이 의문문을 만일 영어로 쓴다면 목적어가 부사보다 앞에 쓰일 것입니다. 그러나 독일어 문장에서는 목적어가 더 뒤에 쓰였습니다. 한국어의 어순을 잘 생각해 보면, 놀랍게도 우리말 역시 마찬가지라는 것을 알 수 있습니다. 부사보다 목적어가 더 나중에 오는 것은 동사에 더 가깝게 쓰인 것이라고 볼 수 있습니다. 문장의 시제와 구조를 결정하는 것은 동사이고, 보다 중요한 말일수록 동사와 밀접한 관계를 갖게 되어 있습니다. 위의 문장에서 문장의 전체 구조와 의미를 결정하는 동사는 reservieren입니다. 목적어 einen Platz는 부사 bitte보다 동사와 더 밀접한 관계를 갖고 있는 말이기 때문에 동사에 가깝게, 즉 뒤쪽에 쓰인 것입니다. 중요한 말일수록 동사에 가깝게 쓰인다는 것, 즉 뒤에 쓰인다는 것입니다. 이 설명은 지금까지 본 독일어 문장의 독특한 어순을 전부 설명해 줄 수는 없을 것입니다. 아마도 잘 들어맞지 않는 것처럼 보일지도 모르겠습니다. 앞으로 독일어 어순에 대해 조금씩 알아나가다 보면 그 특징들을 이해할 수 있을 것입니다.
이 강에서 우선 주의해서 알아두어야 할 것은,

1. 독일어는 한국어와 마찬가지로 동사가 맨 뒤에 오는 어순이라는 것
2. 독일어에서는 동사와 밀접한 관계에 있는 말일수록 동사에 가깝게, 즉 뒤쪽에 쓰인다는 것

이렇게 두 가지입니다. 지금은 이해가 잘 안 가고 복잡하게 여겨지더라도 이 두 가지만 잘 기억하고 있으면 어순을 결정하는 데에 많은 도움이 될 것입니다.

우선 독일어를 한국어로 번역할 때, 영어와 달리 어순을 바꾸지 않고 그대로 해석해 주면 됩니다. 단! 문장의 두 번째 위치에 오는 동사만은 그 자리에서 해석하지 않고 문장의 맨 뒤로 옮겨서 해석해 준다는 것만 기억하면 완벽합니다. 다음의 예를 보겠습니다.

Um halb zwei fährt ein Zug nach Berlin ab.
1시 반에 기차 하나가 베를린으로 출발합니다.

Kann ich jetzt einen Platz reservieren?
제가 지금 자리를 하나 예약할 수 있을까요?

한편 거꾸로 한국어를 독일어로 옮기려 할 때에도 이 원칙은 유용하게 작용합니다.

나는 오늘 도서관에서 독일어를 공부한다.
Ich lerne heute in der Bibliothek Deutsch.

내일 그 책을 가져와.
Bring morgen das Buch mit!

영어와 다른 점이 보이시나요? 한편 한국어와 많이 비슷하다는 것도 알 수 있을 것입니다.

5 Tipp

❏ Zweiter Klasse

본문의 대화 중에서 일등석과 이등석에 대해 묻고 대답하는 장면을 다시 한 번 보기 바랍니다. 일등석은 원래 Zweite Klasse라고 하는데, 대화 중에 Zweiter Klasse, bitte!라고 한 부분은 어미가 좀 다르게 변화했습니다. 이것은 형용사 여성 2격의 변화 형태입니다.

Eine Karte zweiter Klasse!의 줄임말입니다.

쾰른의 중앙역입니다.

제31강

Mahlzeit!

1 기본 대화와 표현

A: Mahlzeit, Hanul!

B: Mahlzeit, Jens!

A: Darf ich mich hier setzen? Es ist so voll hier!

B: Na klar! Setz dich!

A: Kann ich meine Bücher neben dich legen?

B: Gern, gib sie mir!

A: Danke! Jetzt kann ich endlich essen!
Gibt es keine anderen Mensen hier?

B: Doch! Es gibt insgesamt vier Mensen.

A: Warum ist diese Mensa immer so voll?

B: Na ja, sie ist halt die beliebteste Mensa bei uns.

A: Schmeckt das Essen hier besonders gut?

B: Ja, genau. Außerdem ist diese Mensa im Zentrum.

A: Sind andere Mensen weit von hier entfernt ?

B: Ja, mit dem Bus dauert es etwa 30 Minuten bis dorthin.
Man kann auch mit dem Fahrrad fahren, wenn es nicht so kalt ist.

A: Gut! Ich möchte mal eine andere Mensa ausprobieren.
Hier muss man zu lange warten. Es gibt auch nicht so viele Plätze.

B: Gute Idee. In der Mensa auf dem Südgelände musst du nicht so lange warten.

A: 안녕, 하늘!

B: 안녕 엔스!

A: 앉아도 돼? 여기 사람 많네.

B: 물론이지! 어서 앉아!

A: 내 책 좀 네 옆에다 놓아 줄래?

B: 그래, 이리 줘!

A: 고마워! 이제야 드디어 먹을 수 있게 됐다!
여기 다른 학생 식당은 없니?

B: 있지! 전부 합해서 네 개의 학생 식당이 있어.

A: 그런데 왜 이 식당은 항상 북적거리는 거야?

B: 아, 여기가 우리 학교에선 제일 인기 있는 식당이거든.

A: 여기 음식이 특별히 맛이 있니?

B: 맞아. 그 외에도 또 이 식딩이 시내에 있잖아.

A: 다른 식당들은 여기서 멀리 떨어져 있나?

B: 응, 버스 타고 가면 거기까지 한 30분쯤 걸려.
날씨가 그렇게 춥지 않으면 자전거 타고도 갈 수 있어.

A: 좋아! 난 다른 학생 식당에서도 한 번 먹어 보겠어.
여기선 너무 오래 기다려야 해. 그리고 자리도 그렇게 많지가 않아.

B: 좋은 생각이야. 쥐트겔렌데에 있는 학생 식당에서는 그렇게 오래 기다릴 필요가 없어.

2 어휘

die Mahlzeit 식사 시간

sich setzen 앉다

hier ㊌ 여기, 여기에

neben ㊇ ~ 옆에

endlich ㊌ 마침내

insgesamt ㊌ 다 합해서, 전부

ander ㊊ 다른

schmecken ㊍ ~ 맛이 나다, 맛이 있다

außerdem ㊌ 그 외에

im Zentrum 시내에

setzen ㊍ 앉히다, 앉게 하다

voll ㊊ 가득 찬

dort ㊌ 저기, 저기에

legen ㊍ 눕히다, 눕혀 놓다

die Mensa, die Mensen 멘자, 학생 식당

beliebt ㊊ 인기 있는

immer ㊌ 늘, 항상

besonders ㊌ 특히, 특별히

das Zentrum 중앙, 시내

entfernt ㊊ 떨어진, 분리된

entfernt von 3격 ~ 로부터 떨어진

dahin ㊊ 그쪽으로

etwa ㊊ 약, 대략

lange ㊊ 오랫동안

die Idee 생각, 아이디어

warten ㊍ 기다리다

müssen nicht ~ 할 필요가 없다, ~ 하지 않아도 된다

dauern ㊍ (얼마의 시간이) 걸리다

bis dahin 거기까지

ausprobieren ㊍ 시험해 보다

der Platz, die Plätze 장소, 광장

Gute Idee! 좋은 생각이야!

das Südgelände 남쪽 부지, 여기서는 지명

❑ dahin

본문 중에 나오는 다음의 표현에서 dahin을 살펴보겠습니다.

Ja, mit dem Bus dauert es bis dahin etwa 30 Minuten.

이 문장 중에서 dahin은 부사로 쓰였습니다. 장소를 나타내는 da와 화자로부터 멀어지는 방향을 나타내는 hin이 결합해서 방향성을 갖는 장소의 부사를 만들어낸 것입니다. 이 부사는 앞서 공부한 dazu와 같은, 전치사 + 대명사의 축약형과는 근본적으로 다릅니다.

3 한 걸음 더

❑ Mit dem Fahrrad dauert es eine Stunde

어떤 교통 수단을 이용하면 얼마의 시간이 걸린다는 표현을 연습해 보겠습니다.
본문 중에

Mit dem Fahrrad dauert es 30 Minuten.

라는 표현이 나옵니다.

'시간이 얼마 걸리다'라는 표현은 비인칭 주어 es와 동사 dauern을 써서 es dauert라고 표현합니다. 이 표현들을 연결해서 다양한 변이형을 연습해 보겠습니다.

Es dauert	eine Stunde	mit dem Fahrrad.
	zehn Minuten	mit dem Bus.
	einen ganzen Tag	mit dem Taxi.
	eine halbe Stunde	mit dem Zug.
	drei Stunden	mit dem Flugzeug.
		mit der Bahn.
		mit der U-Bahn.

❑ müssen nicht

본문에 나오는 다음의 표현에서 müssen과 nicht가 쓰인 부분을 주목해서 보기 바랍니다.

In der Mensa in Südgelände musst du nicht so lange warten.

조동사 müssen이 문장 중에서 nicht와 함께 쓰이면 '~ 하지 말아야 한다'는 뜻이 아니라 '~ 할 필요가 없다'는 의미로 쓰인 것입니다.

다음의 표현을 보겠습니다.

Du musst nicht immer pünktlich sein.
Ich muss morgen nicht kommen.
Wir müssen nicht lange warten.
Ihr müsst nicht Auto fahren.

이 강에서는 본문 중에 특히 많은 화법 조동사가 쓰였습니다. 화법 조동사가 쓰인 문장들만을 따로 뽑아서 해석해 보고 조동사의 쓰임을 되새겨 보기 바랍니다.

Darf ich mich hier setzen? Es ist so voll hier!
Kannst du meine Bücher neben dich legen?
Man kann auch mit dem Fahrrad fahren, wenn es nicht so kalt ist.
Ich möchte mal eine andere Mensa ausprobieren.
Hier muss man zu lange warten.
In der Mensa in Südgelände musst du nicht so lange warten.

❑ doch로 대답하기

독일어에는 질문에 대해 대답하는 말 중에 Ja/Nein 외에도 Doch가 있다는 것을 이미 공부했습니다.

A: Kommst du nicht?

B: Doch, ich komme.

부정으로 묻는 말에 대해 긍정으로 대답할 때에는 Ja를 쓰지 않고 Doch를 씁니다. 부정어 nicht가 아닌 다른 부정의 표현에 대해서도 마찬가지입니다.

A: Sind Sie kein Student?

B: Doch, ich bin Student.

본문에 나온 다음의 표현을 다시 한 번 보겠습니다.

A: Gibt es keine anderen Mensen hier?

B: Doch! Es gibt insgesamt vier Mensen.

여기 다른 학생 식당은 없느냐는 A의 질문에 대한 B의 대답은 "웬걸! 여긴 모두 합해서 네 개의 식당이 있어."라고 해석할 수 있을 것입니다.

4 구조

❑ 3 · 4격 지배 전치사와 동사

본문 대화 중에 쓰인 동사 legen과 setzen은 방향성을 가진 동작을 나타내는 동사들입니다. 이 동사들은 무엇인가를 어디에 갖다 놓다라는 의미를 가지고 있습니다. 따라서 이 동사들을 사용하게 되면 방향성을 나타내는 부사 혹은 전치사구가 함께 쓰이게 됩니다. 본문 중에 나타났던 다음 예문들에서 그 예를 볼 수 있습니다.

Darf ich mich hier setzen?

이 문장에서 hier는 방향성을 나타내는 부사입니다.

Kann ich meine Bücher neben dich legen?

이 문장에서 neben dich는 방향을 나타내는 전치사구입니다. 전치사 neben은 움직이는 동작, 방향을 표현하기 위해 4격을 지배하고 있습니다. 동사 setzen, legen과 비슷한 뜻을 가지고 있지만 이동이나 동작을 표시하지 않고 그냥 놓여 있는 상태를 표현하는 동사들이 있습니다. '앉아 있다', '누워 있다'라는 의미를 갖는 sitzen과 liegen입니다. 동사 setzen과 legen은 목적어를 갖는 타동사이고 sitzen과 liegen은 자동사입니다.

Ich setze mich auf den Stuhl.

Ich sitze auf dem Stuhl.

Ich lege die Bücher auf den Tisch.

Die Bücher liegen auf dem Tisch.

이와 비슷한 차이를 보이는 동사로는 stehen과 stellen도 있습니다.

Sie stellt die Flasche auf den Tisch.

Die Flasche steht auf dem Tisch.

위의 예문들을 보고 공통점을 찾았나요? 동작을 나타내는 타동사와 함께 쓰일 때에는 3·4격 지배 전치사가 4격을 지배하고 그렇지 않은 경우에는 3격을 지배하고 있습니다.

❑ 3격과 4격 인칭 대명사의 순서

독일어의 어순은 동사가 맨 뒤에 오는 한국어의 어순과 비슷하다고 앞서 설명했습니다. 아래의 예문을 어순을 바꾸지 않고 그대로 한국어로 번역해 보겠습니다.

A: Kannst du meine Bücher neben dich legen?

B: Gern, gib sie mir!

A: 너 내 책들을 네 옆쪽으로 좀 놓아 줄 수 있니?

B: 좋아, 그것들 내게 줘!

두 번째 위치에 놓이는 동사만 예외로 본다면 전체적으로 한국어의 어순과 똑같습니다. 그런데 한 가지 특이한 점을 발견할 수 있을 것입니다.

Gern, gib sie mir!

이 문장에서 목적어의 어순은 4격 + 3격 순입니다. 원래 3격과 4격, 두 개의 목적어가 나타나는 문장의 경우 목적어의 어순은 3격 + 4격 순입니다.

Ich gebe meiner Schwester diese Bücher.

그러나 두 목적어 중 하나가 대명사가 되면 무조건 대명사 목적어가 앞에 나오게 됩니다. 격과 상관이 없습니다.

Ich gebe ihr diese Bücher.

Ich gebe sie meiner Schwester.

이러한 어순이 되는 이유는 동사와 가까운 쪽, 즉 뒤쪽에 보다 중요한 말, 새로운 정보를 주는 말이 놓이기 때문입니다. 대명사는 앞에 한 번 나왔던 말이기 때문에 새로운 정보를 제공해 주는 말은 아닌 것이지요. 잘 살펴보고 생각해 보면 한국어에서도 마찬가지 어순을 발견할 수 있을 것입니다.

내가 걔한테 내 책들을 줬어.
내가 내 책들을 걔한테 줬어.

두 번째 문장이 한국어에서 불가능한 어순은 아니지만, 이렇게 쓰려고 하면 평이한 문장이 아니라 문장 성분 중 어떤 것을 강조하고 있다는 느낌을 받을 것입니다. 그런데 본문에 나온 다음의 예문에서는 목적어로 두 개의 대명사가 나오기 때문에 좀 머리가 아픕니다. 게다가 어순이 4격 대명사 + 3격 대명사의 순으로 되어 있습니다.

Gern, gib sie mir!

이처럼 두 개의 목적어가 모두 대명사인 경우, 어순은 4격 + 3격 순으로 된다는 점을 기억하기 바랍니다.

❑ 불규칙 동사 werden의 현재 인칭 변화

지금까지 werden 동사는 이미 여러 번 등장했고 또 그 쓰임을 충분히 익혔을 것입니다. 이 강에서는 지금까지 나온 werden동사의 현재 인칭 변화를 정리해 보도록 하겠습니다.

ich	werde	wir	werden		
du	wirst	ihr	werdet	Sie	werden
er, es, sie	wird	sie	werden		

5 Tipp

❑ 부문장

이 강에서는, '만일 ~ 한다면'이라면 표현이 나왔습니다. 사실 이 표현은 독일어에서는 부문장이라고 부르고 영어에서는 부사절이라고 하는 다소 까다로운 어법이 들어가는 표현입니다. 특히 독일어에서 이 용법이 까다롭다고 하는 이유는 다음 문장의 어순을 보면 짐작할 수 있을 것입니다.

Man kann auch mit dem Fahrrad fahren, wenn es nicht so kalt ist.

이 문장을 보면, 부문장 안에서 동사는 문장의 두 번째 자리가 아니라 마지막에 쓰인 것을 볼 수 있습니다. 네, 이 어순은 독일어에서 볼 수 있는 특징적 어순입니다. 부문장에서 동사는 문장의 맨 뒤에 쓰입니다. 부문장에 쓰이는 접속사는 정동사가 두 번째 자리에 오는 것을 막는다고 생각하면 됩니다.

뮌헨 대학의 학생 식당입니다.

제32강

Womit soll ich dir helfen?

1 기본 대화와 표현

A: Klara, was machst du denn den ganzen Tag lang?
B: Hanul, hilf mir! Ich muss mich hübsch anziehen!
A: Wieso? Gehst du heute aus?
B: Ja, um 14 Uhr habe ich ein Vorstellungsgespräch!
A: Ach so! Und womit soll ich dir helfen?
B: Sag mir bitte, was ich anziehen soll.
A: Hm, ich finde dieses Kleid schön.
B: Findest du?
A: Ja, das ist ein schönes Kleid.
B: Das finde ich auch, aber das Kleid ist leider zu eng.
A: Wirklich? Schade.
B: Wie findest du denn diese Bluse und diesen Rock?
A: Diesen blauen Rock?
B: Ja, mit dieser Bluse. Steht mir diese Bluse?
A: Ja, sehr gut! Nimm das!
B: Gut! Jetzt muss ich mir die Haare waschen.
A: Beeile dich! Es ist schon 12 Uhr.

A: 클라라, 너 대체 하루 종일 뭘 하는 거니?
B: 하늘아, 나 좀 도와 줘! 나 옷 잘 입어야 해!
A: 그래? 오늘 외출하니?
B: 응, 오후 2시에 면접 있어.

A: 아 그래! 그런데 내가 너를 어떻게 도와 줄까?
B: 내가 옷을 어떻게 입어야 할지 말해 줘.
A: 흠, 난 이 원피스가 예쁜 거 같아.
B: 그런 것 같아?
A: 응, 이거 예쁜 원피스네.
B: 나도 그렇게 생각해, 하지만 그 원피스는 아쉽게도 너무 작아.
A: 정말? 안됐다.
B: 이 블라우스하고 스커트는 어때?
A: 이 푸른색 스커트?
B: 응, 이 블라우스랑. 이 블라우스 나한테 어울려?
A: 멋져! 그걸로 해!
B: 좋아! 이제 나 머리 감아야겠다.
A: 서둘러! 벌써 12시야.

2 어휘

das Kleid 옷, 원피스
sich anziehen 옷을 입다
das Vorstellungsgespräch 면접
Ach so! 아 그래!
mit wem 누구와 함께
Findest du? 그렇게 생각해?
leider ⓟ 유감스럽게도, 미안하지만
wirklich ⓗ 정말의, 실제의
die Bluse 블라우스
nehmen ⓓ 취하다
beeilen ⓓ 서두르게 하다
sich beeilen 서두르다
anziehen ⓓ 옷을 입히다
ausgehen ⓓ 나가다, 외출하다
die Vorstellung + das Gespräch
womit ⓟ 무엇을 가지고
finden ⓓ 발견하다, ~ 를 ~ 라고 생각하다
Das finde ich auch. 나도 그렇게 생각해
eng ⓗ 꼭 끼는, 좁은
der Schade 손해, 상해
der Rock 치마
waschen ⓓ 씻다
sich(3격) die Haare waschen 머리 감다

❑ womit

본문 중에 "내가 너를 어떻게 도와 줄까?"라는 독일어 표현이 나왔습니다.

Womit soll ich dir helfen?

여기서 의문사로서 wie가 아니라 womit이 쓰였다는 점이 좀 의아하게 생각될 수도 있겠습니다. 의문사 womit은 사실 어떻게라는 의미라기보다는 무엇을 가지고, 혹은 무엇으로써라는 의미로 보는 것이 더 정확할 것입니다. 전치사 mit이 의문사 was와 합해져 축약된 형태입니다.

mit + was ⇒ womit

앞에서 전치사 + 대명사의 축약형이 damit, davon 등과 같은 형태가 되는 것을 공부했습니다. 전치사 + 의문사의 축약형도 이와 비슷하게 womit, wovon 등과 같은 형태가 됩니다.

❑ 의복

이 강에서는 우리가 착용하는 의복에 관련된 표현이 나옵니다. 이 기회에 대화 중에 나온 말들뿐 아니라 우리가 일상 생활에서 자주 대하게 되는 말들을 함께 공부해 보겠습니다.

3 한 걸음 더

❑ stehen

이 강에서는 '내게 이 옷이 잘 어울려?'라는 표현이 나왔습니다.

Steht mir diese Bluse?

이 문장에 쓰인 동사는 stehen입니다. 한국어로 굳이 직역해 보자면, '이 블라우스가 내게 서니?'라는 말이 됩니다. 말이 안 되는 것 같다고 생각하시겠지만 옷이 내게로 와서 균형을 잘 잡고 서 있다고 생각하면 어떨까요? 어울린다는 말로 생각해도 무리가 없을 것 같습니다.

Diese Bluse steht mir nicht.	이 블라우스는 내게 어울리지 않는다.
Diese Mütze steht ihr gut.	이 모자는 그녀에게 잘 어울린다.
Das Kleid steht dir nicht.	그 원피스는 네게 안 어울려.

❑ 동사 finden의 용법

어떤 대상에 대해 어떠하다고 생각하다라는 표현이 나왔습니다. 동사 finden을 사용합니다. 영어에서 find를 사용하는 것과 비슷한 용법입니다.

A(대상) + B(서술) + finden

이렇게 써서, ' ~ 을 ~ 하다고 생각하다, 느끼다'라는 표현을 할 수 있습니다. 본문에 나왔던 표현과 함께 비슷한 표현을 다시 보겠습니다.

Ich finde dieses Kleid schön.
Ich finde dieses Buch interessant.
Ich finde dieses Kind nett.
Ich finde Deutsch interessant.

4 구조

❑ 정관사 어미 변화

제6강에서 날씨를 공부할 때 'In diesem Wetter?'라는 표현에는 정관사 어미 변화가 포함되어 있다고 했던 것을 기억합니까? 이 말에 쓰인 diesem이라는 형태는 dies-라는 기본형에 -em이라는 어미가 붙은 것입니다. 이 어미는 정관사 중성 3격 dem의 어미와 같습니다. 이처럼 정관사의 어미 변화와 비슷한 어미 변화를 하는 어휘들이 있습니다. 이들을 두고 정관사 어미 변화를 한다고 말합니다. 이 강에서는 우선 dies-의 변화만을 연습해 보겠습니다. 우선 정관사의 어미 변화만을 따로 떼어서 표를 만들어 보겠습니다.

	남성	여성	중성	복수
1격(주격)	der	die	das	die
2격(소유격)	des	der	des	der
3격(여격)	dem	der	dem	den
4격(목적격)	den	die	das	die

표에서 d-를 제외한 나머지 부분을 어미로 본다면 몇 군데에서는 문제가 생깁니다. 즉 독일어에서 전형적인 어미라고 보기 어려운 표현들이 생깁니다. 따라서 위의 표에서

−ie는 −e로,
−as는 −es로 고치면 다음과 같은 변화표가 만들어집니다.

	남성	여성	중성	복수
1격(주격)	−er	−e	−es	−e
2격(소유격)	−es	−er	−es	−er
3격(여격)	−em	−er	−em	−en
4격(목적격)	−en	−e	−es	−e

표에서 붉은 글씨로 표시한 부분만 제외하면, 정관사에서 d-를 뺀 것이라고 보면 됩니다. 그럼 이번에는 이 어미 변화표를 이용해서 dies-의 격변화를 연습해 보겠습니다.

	남성	여성	중성	복수
1격(주격)	dieser	diese	dieses	diese
2격(소유격)	dieses	dieser	dieses	dieser
3격(여격)	diesem	dieser	diesem	diesen
4격(목적격)	diesen	diese	dieses	diese

자, 그러면 이제 본문 중에서 정관사 어미 변화가 포함된 표현들을 찾아 볼까요?

Hm, ich finde dieses Kleid schön.
Wie findest du denn diese Bluse und diesen Rock?
Diesen blauen Rock?
Ja, mit dieser Bluse. Steht mir diese Bluse?

❑ 재귀 대명사

재귀 대명사에도 격이 있다고 했습니다. 이 강에서 새로 공부할 내용은 3격 재귀 대

명사에 관한 것입니다.

Jetzt muss ich **mir** die Haare waschen.

굵은 글씨로 표시한 부분은 얼핏 보면 대명사 같지만 대명사일 수가 없습니다. 문장의 주어를 다시 대명사로 받는 것은 어법에 어긋나기 때문입니다. 따라서 재귀 대명사라는 것은 쉽게 짐작할 수 있는데 앞서 배운 재귀 대명사의 형태와는 다르지요. 이 재귀 대명사가 3격 재귀 대명사입니다. 이미 공부한 4격 재귀대명사와 함께 3격 재귀 대명사를 표로 정리했습니다.

인칭 대명사	3격 재귀 대명사	4격 재귀 대명사
ich	mir	mich
du	dir	dich
er, es, sie	sich	sich
wir	uns	uns
ihr	euch	euch
sie	sich	sich
Sie	sich	sich

표를 보면 3격 재귀 대명사와 4격 재귀 대명사 모두, 일인칭과 이인칭에서는 인칭 대명사와 차이가 없고 삼인칭의 경우 sich로 통일되어 있다는 것을 알 수 있습니다. 삼인칭 재귀 대명사가 3격과 4격의 차이가 없는 것은 많은 장점이 있습니다. 특히 3격을 지배하는 재귀 동사의 경우 매우 편리합니다. 반면 일인칭, 이인칭의 경우에는 3격 지배 재귀 동사가 나오면 긴장해야 합니다.

Wasch dir die Hände!

3격 재귀 대명사가 쓰이는 다른 예를 보겠습니다.

Ich kaufe mir einen Computer.
Stell dir die Szene vor!

독일어의 재귀 대명사는 영어와 여러 가지 점에서 다르고, 또 동사에 따른 격지배 등 다소 까다로운 규칙이 있기 때문에 앞으로 여러 가지 예를 접하면서 반복해서 공부하도록 하겠습니다.

5

Tipp

❑ 의문사 있는 의문문이 간접 의문문이 될 때의 어순

제31강에서 부문장에 대해서 잠깐 공부했었지요. 부문장에서는 동사의 어순이 일반적인 주문장과 달리 맨 뒤에 놓인다는 것을 기억하기 바랍니다. 이 강에서도 그와 비슷한 어순을 발견할 수 있습니다.

Sag mir bitte, was ich anziehen soll.

이 문장에서 was 이하는 마치 부문장 같은 어순을 보이고 있습니다. 부문장 맞습니다. 이 문장은 일종의 간접 의문문으로서, 직접 의문문으로 고쳐 보면 다음과 같습니다.

Was soll ich anziehen?

이 문장을 부문장으로 전환할 때에는 의문사 was가 마치 접속사처럼 주문장과 부문장을 연결해 주는 역할을 하고, 동사는 문장 맨 뒤에 쓰이게 됩니다.

❑ 의문사 was의 격 변화

전치사 mit와 의문사 was의 축약형에 대해 설명하면서 미처 언급하지 못한 부분이 있습니다. 사실 엄격히 따지면 의문사 was는 격 변화를 해야 합니다. 하지만 의문사 was에는 그에 해당하는 2격과 3격이 없습니다. 사물을 지칭하기 때문이라고 생각하면 조금 이해가 쉬울 것입니다. 의문사 was는 1격과 4격 형태만 있다는 것을 기억하기 바랍니다.

트리어의 포르타 니그라입니다. 트리어의 검은 성이라고 더 잘 알려져 있지요.
기원전 2세기경에 세워진, 로마제국의 거대한 성문입니다.

제33강

Zum Hieressen oder Mitnehmen?

1 기본 대화와 표현

A: Der Nächste, bitte!
B: Hallo! Ein Cheeseburger-Set, bitte!
A: Mit Cola oder Fanta?
B: Mit Cola, bitte!
A: Zum Hieressen oder Mitnehmen?
B: Zum Mitnehmen bitte!
A: Fünf Euro 99!
B: Hier bitte!
A: Danke schön! Die Nächste, bitte!
B: Guten Tag! Ich möchte gerne eine heiße Schokolade und zwei Brötchen.
A: Welche Brötchen möchten Sie?
Wir haben Rosenbrötchen, Schnittbrötchen, Kaiserbrötchen und…
B: Ich nehme Rosenbrötchen.
A: Alles klar! Einmal heiße Schokolade, zweimal Rosenbrötchen.
Das macht zusammen 4 Euro.

A: 다음 분이요!
B: 안녕하세요! 치즈버거 세트 하나 주세요!
A: 콜라로 드릴까요 환타로 드릴까요?
B: 콜라랑 주세요!
A: 여기서 드실 건가요, 아니면 포장인가요?
B: 가져갈 거예요.
A: 5유로 99센트입니다!

B: 여기 있습니다.
A: 감사합니다! 다음 분이요!
B: 안녕하세요! 저는 핫초콜릿 한 잔하고 브뢰트헨 두 개 주세요.
A: 어떤 브뢰트헨으로 드릴까요? 저희 가게엔 로젠브뢰트헨, 쉬니트브뢰트헨, 카이저브뢰트헨이 있고요 그리고…
B: 로젠브뢰트헨으로 주세요.
A: 알겠습니다! 핫초콜릿 한 잔, 로젠브뢰트헨 두 개요. 합해서 4유로입니다.

2 어휘

nächst ⓗ 형용사 nah의 최상급
nah – näher – nächst
einmal ⓑ 한 번
der Cheesburger 치즈버거
die Cola 콜라
Fanta 판타
mitnehmen ⓓ 가지고 가다, 데리고 가다
Zum Mitnehmen 가져가려고
gerne ⓑ 기꺼이
heiß ⓗ 뜨거운, 더운, 화끈한
die Schokolade 초콜릿
das Brötchen 브뢰트헨
das Rosenbrötchen 브뢰트헨의 일종
das Schnittbrötchen 브뢰트헨의 일종
das Kaiserbrötchen 브뢰트헨의 일종
klar ⓗ 맑은, 깨끗한, 분명한, 명백한
Alles klar! 잘 알겠습니다!
zweimal ⓑ 두 번
Euro 유로, 유럽연합의 화폐 단위

❑ 카페테리아에서 주문할 수 있는 음식

본문의 대화는 대학 도서관 내에서 혹은 젊은이들이 많이 다니는 거리에서 흔하게 볼 수 있는 카페테리아에서 일어나는 상황입니다. 보통의 카페나 레스토랑처럼 점원이 손님이 앉아 있는 테이블로 와서 주문을 받는 것이 아니라 손님이 카운터로 가서 계산하고 직접 음료와 음식을 받아 자리에 앉거나 들고 나갑니다. 흔히 보이는 패스트푸드점이나 테이크아웃 카페라고 생각하면 될 것 같습니다. 이런 곳에서는 간단하고 빠르게 만들 수 있는 음료와 음식을 판매합니다.
먼저 음료의 종류를 보겠습니다.

Kaffee	커피	Tee	차
Saft	주스	Orangensaft	오렌지 주스
Apfelsaft	사과 주스	Cola	콜라

Limo	사이다	Bitter Lemon	레모네이드

카페테리아에서 주문할 수 있는 간단한 음식 종류는 무엇이 있을까요?

Brötchen	브뢰트헨(주먹만 한 작은 빵)
Berliner	베를리너(일종의 도우넛)
Hamburger	함부르거(햄버거)

❏ 독일 빵의 이름

바이스브로트(Weißbrot)

베를리너(Berliner)

브뢰트헨(Brötchen)

로젠브뢰트헨(Rosenbrötchen)

쉬니트브뢰트헨(Schnittbrötchen)

카이저브뢰트헨(Kaiserbrötchen)

3 한 걸음 더

❑ 음식을 주문할 때

이번 강에서는 음식을 주문할 때 쓸 수 있는 표현을 함께 공부해 보도록 하겠습니다. 먼저 손님에게 '무엇을 주문하시겠습니까?' 하고 묻는 표현은 다음과 같습니다.

Was wünschen Sie?
Was darf es sein?
Was möchten Sie?

이에 대한 대답으로, '저는 ~ 을 원합니다'라고 말하려면 다음의 표현을 사용합니다.

Ich möchte gerne ~
Ich hätte gerne ~

혹은 '저는 ~ 으로 하겠습니다'라고 말하기도 합니다.

Ich nehme ~

그러면 카페테리아에서 음식을 주문하는 연습을 해 볼까요?
도우넛과 비슷한 빵, 베를리너를 먹고 싶다면 이렇게 말하겠지요.

Ich möchte gerne einen Berliner.
Ich hätte gerne einen Berliner.
Ich nehme einen Berliner.

그 외의 다른 음식을 주문하는 연습을 해 보겠습니다.

Ich möchte gerne eine heiße Schokolade.
Ich hätte gern eine Cola.
Ich möchte zwei Schnittbrötchen.
Ich hätte gerne einen Tee.
Ich möchte gerne einen Hamburger.
Ich hätte gern einen Orangensaft.

❑ Einmal heiße Schokolade, bitte!

주문을 할 때, 한 잔 혹은 두 잔 등 수량을 표현하기 위해 어떻게 말해야 할까 궁금하지요? 영어를 배울 때, 한 잔의 커피, 한 컵의 우유, 빵 한 조각 등을 열심히 외웠던 기억이 납니다. 독일어도 그럴 것이라고 생각했는데 의외로 독일어로 주문하기는 훨씬 쉽습니다. 영어와 달리 대상에 따라 세는 단위가 달라지지 않고 배수인 einmal, zweimal, dreimal을 이용합니다. 혹은 배수조차 사용하지 않고 단순히 수사를 사용해서 말하기도 합니다.

einmal heiße Schokolade
zweimal Mineralwasser
dreimal Apfelsaft
vier Rosenbrötchen

그럼 다음의 대화를 가지고 좀 더 연습해 보겠습니다.

A: Was wünschen Sie?
B: Ich hätte gerne einmal Milch und zwei Berliner, bitte.

A: Was darf es sein?
B: Ich möchte einen Kaffee, bitte.

A: Was möchten Sie?
B: Ich nehme einen Tee und einen Berliner.

❑ Mit Cola oder Fanta?

본문에서 예로 든 상황은 카페테리아 혹은 패스트푸드 레스토랑에서 세트 메뉴를 주문하는 상황입니다. 보통 세트 메뉴에는 음료 등이 포함되어 있는 경우가 많이 있습니다.

Mit Cola oder Fanta?
콜라와 함께 드시겠어요, 아니면 환타와 함께?

이럴 때는 다음과 같이 대답하면 됩니다.

Mit Cola, bitte!
Ich nehme Fanta.

동사 nehmen은 여러 가지의 가능성 중 하나를 선택할 때 사용할 수 있는 말입니다. 이 외에도 선택을 해야 하는 상황은 여러 가지가 있겠지요. 다음은 커피를 마실 때 우유를 넣을 건지 설탕을 넣을 것인지를 묻고 대답하는 대화입니다.

A: Was möchten Sie trinken?

B: Ich möchte gerne eine Tasse Kaffee!
A: Mit Milch oder Zucker?
B: Mit Milch und Zucker, bitte!

A: Möchten Sie etwas trinken?
B: Gern! Ich hätte gern einen Kaffee.
A: Mit Milch oder Zucker?
B: Nur mit Zucker, bitte!

4 구조

❑ 명사의 복수형 zwei Brötchen

앞에서 명사의 복수형에 대해 공부하면서, 복수형에는 일정한 유형이 있지만 그 규칙이 꼭 들어맞는 것은 아니므로 단어가 나올 때마다 외워 두는 것이 좋다고 말씀드렸습니다. 지금까지 나온 많은 명사의 복수형들을 보면 그게 맞는 말이라고 생각되면서도 다른 한편으로는, 그럼에도 불구하고 알아두면 유용한 규칙은 없을까 생각할 겁니다. 이 강에서는 거의 예외가 없는 몇 가지 규칙을 짚어 볼까 합니다.

❑ Lehrer · Berliner etc.

지금까지 나온 단어들 중 -er로 끝난 명사들의 복수형이 단수형과 같다는 것을 혹시 눈치 챘을지 모르겠습니다.

der Lehrer	die Lehrer
der Berliner	die Berliner
der Bamberger	die Bamberger
der Bruder	die Brüder
der Vater	die Väter
der Vetter	die Vettern
der Koreaner	die Koreaner

그러나 -er로 끝난 명사가 모두 이런 변화를 하는 것은 아닙니다. 예컨대 Schwester의 복수는 Schwestern입니다. 그러나 남성 명사의 경우에는 예외 없이 단수와 복수형이 같으므로 유용하게 쓸 수 있는 규칙입니다. 또 한 가지! 위의 표를 보면 Bruder와 Vater의 복수는 단수와 똑같다고 하기 어렵다는 것이 눈에 들어올 겁니다. 이 두 개의 명사는 복수형에서 모음이 변합니다. 그러나 복수형의 불규칙 변화는 어미를 보고

그 유형을 결정하는 것이지 변모음 여부에 의해 좌우되지는 않습니다. 따라서 위에 열거한 명사들은 모두 같은 유형의 복수형 어미 변화를 한다고 말합니다. 복수형에서 변모음 현상을 보이는 명사는 위에 예로 든 명사 외에도 많습니다만, 일정한 규칙으로 정리하기는 어렵습니다. 역시 명사마다 주의해서 암기해 주어야 할 것입니다.

❑ 서수 · 배수

지금까지 우리가 사용한 독일어의 수사는 거의 대부분이 기수였습니다. 즉 우리가 대상을 셀 때 사용할 수 있는 수사입니다. 이 외에도 우리가 사용하는 수사는 실로 다양합니다. 먼저 첫째, 둘째 등 순서를 나타낼 때 사용하는 말, 서수에 대해 공부하겠습니다.

먼저 1부터 19까지는 다음과 같이 서수를 만듭니다.

기수 + t

예컨대 zweit, viert, fünft, sechst… 이와 같이 서수를 만듭니다. 다만 1과 3은 예외적인 경우라 따로 기억해 두어야 합니다.

eins ⇒ erst
drei ⇒ dritt

서수를 사용할 때 또 한 가지 주의해야 할 점은, 서수는 형용사처럼 취급하기 때문에 명사를 수식하는 용법으로 쓰일 경우 형용사 어미 변화를 한다는 것입니다. 우리가 형용사 어미 변화를 아직 공부하지 않았으므로 이 변화에 대해서는 자세히 언급하지 않겠습니다만, 서수가 분명한데 뒤에 이상한 어미가 붙어 있더라도 당황하지 말기 바랍니다.

die erste Studentin
das zweite Zimmer
der dritte Mann

다음으로는 이 강에 등장했던 배수를 살펴보겠습니다. 배수는 다음과 같이 만듭니다.

기수 + mal

간단하게 예외 없이 einmal, zweimal, dreimal… 이라고 쓰면 됩니다. 사실 mal이라는 말은 곱하기 기호를 나타내는 표현이기도 합니다. 그렇게 생각하면 이해가 더 쉽겠지요? 인터넷 주소를 말할 때, 독일어로는 w를 세 번씩이나 발음할 필요 없이 dreimal w라고 말합니다. 이럴 땐 아주 편리하겠지요?

❑ Mitnehmen

패스트푸드 음식점에서 음식을 주문하면 '여기서 드실 건가요? 아니면 포장인가요?'를 다음과 같이 묻습니다.

Zum Hieressen oder Mitnehmen?

얼핏 들으면 동사 같지만 Hieressen이나 Mitnehmen은 명사입니다. 우선 첫 글자를 대문자로 썼고, 또 전치사 zu가 관사와 축약된 형태로 쓰이고 있는 것을 보면 분명히 알 수 있습니다. 정확히 말하자면 이들은 동명사라고 할 수 있겠지요. 독일어의 동명사는 아주 간단하게 만들 수 있습니다. 모든 동사의 첫 글자를 대문자로 쓰면 명사처럼 쓸 수 있고 이 명사의 성은 중성입니다.

Rauchen ist verboten! 흡연은 금지되어 있습니다.
Lernen macht Spaß! 배우는 것은 즐겁습니다.

5 Tipp

❑ Der Nächste, bitte!

다음 사람!이라는 독일어 표현이 der Nächste입니다. 여기에 쓰인 nächst는 형용사 nah의 최상급 형태인데 좀 이상합니다.

1. 어미가 붙어 있습니다.
2. 관사가 쓰였습니다.
3. 첫 글자를 대문자로 씁니다.

어미가 붙어 있는 것은, 아직 배우지는 않았지만 형용사의 어미 변화 특징인데, 마치 명사처럼 관사도 쓰이고 대문자로 시작했다는 것이 이상하지요? 이 표현은 형용사가 마치 명사처럼 쓰인, 말하자면 형용사의 명사화를 보여 주고 있는 예입니다. 형용사를 명사처럼 쓸 때에는 그 뒤에 어떤 명사가 생략되어 있는 것으로 볼 수 있는데, 이 생략된 말의 성에 따라서 형용사의 성도 정해집니다. 예컨대

der nächste Mann ⇒ der Nächste

이와 같이 관사와 어미가 결정되는 것입니다. 형용사가 명사로 쓰인 다른 예들을 더 보겠습니다.

der Nächste 다음 남자분
die Kleine 작은 여자(흔히 딸이라는 의미로 자주 쓰입니다)

das Bunte 알록달록한 것

❑ Ich hätte gern ein Brötchen.

무엇을 사고 싶다, 혹은 무엇을 마시고 싶다 등 자신의 욕구를 다소 부드럽게 표현하는 말이 Ich hätte gern ~ 입니다. 그런데 이 표현에 쓰인 동사의 형태가 조금 이상합니다. 동사 haben의 과거형인 hatte와 비슷한 것 같은데 모음이 변화했습니다. 이것은 우리가 독일어를 배울 때 어렵다고들 아우성을 치는 접속법이라는 형태입니다. 영어의 가정법 과거와 비슷합니다. 형태는 과거와 비슷하지만 과거의 의미가 아니라 겸손한 부탁의 의미를 갈습니다. 이 문법에 대해서는 기초편에서 공부하지 않습니다만, Ich hätte gern ~ 은 일상에서 아주 요긴하게 쓰이는 표현이므로 일단 잘 익혀 두기 바랍니다.

케밥을 파는 작은 음식점입니다. 케밥은 간편하고 맛있어서 독일인들도 즐겨 먹고 한국인들도 비교적 많이 찾는 음식입니다.

Ich gebe eine Party!

제34강

1 기본 대화와 표현

A: Anna, was machst du am Wochenende?
Hast du einen Plan?
B: Ja, am Samstag gehe ich einkaufen, mit meinen Schwestern.
A: Hm, ich werde am Samstag meine Geburtstagsparty geben.
B: Ach so! Am Samstag ist ja dein Geburtstag!
A: Na ja, eigentlich am Mittwoch.
B: Auf jeden Fall hast du bald deinen 28. Geburtstag.
Du wirst ja auch langsam alt.
A: Also, kannst du nicht kommen?
B: Doch! Du gibst die Party bestimmt am Abend, oder?
A: Aber sicher! Du hast doch am Abend Zeit, ja?
B: Ja, natürlich!
A: Gut! Bring bitte auch meine Bücher mit!
B: Ach ja! Ich habe deine Bücher noch zu Hause.

A: 안나, 너 주말에 뭐 하니?
뭐 계획이라도 있어?
B: 응, 토요일에 쇼핑 가려고 해. 언니들하고 같이.
A: 흠, 나 토요일에 내 생일 파티를 열 거야.
B: 아 그래, 토요일이 네 생일이구나.
A: 에, 원래는 수요일이야.

B: 아 그래. 어쨌든 곧 네 스물여덟 번째 생일이란 말이지.
너도 슬슬 늙는구나.
A: 그래서, 너 못 오는 거야?
B: 갈 수 있어! 생일파티는 밤에 할 거잖아, 그렇지?
A: 당연하지! 저녁에는 시간이 있는 거지?
B: 응, 물론이야.
A: 그래! 올 때 내 책들도 가지고 와.
B: 아 맞아! 네 책들이 우리 집에 아직 있었지!

2 어휘

das Wochenende 주말
der Plan 계획
die Verabredung 약속
die Party 파티
der Geburtstag 생일
der Mittwoch 수요일
zusammen ㊕ 함께, 같이
das Problem 문제
einladen ㊐ 초대하다
das Buch, die Bücher 책
zu Hause 집에, 집에서
am Wochenende 주말에
einen Plan haben 계획을 갖고 있다
der Samstag 토요일
eine Party geben 파티를 열다
eigentlich ㊕ 원래, 본래
oder ㉆ 혹은, 아니면
zu Abend essen 저녁을 먹다, 저녁 식사를 하다
Kein Problem! 아무 문제 없어! 괜찮아!
alle ㊕ 모두
mitbringen ㊐ 함께 데려오다, 가져오다
noch ㊕ 아직도, 여전히

❑ 요일

이 강에서 몇 개의 요일 이름이 나왔는데요, 독일어로 요일들을 정리해 보겠습니다. 요일 이름은 모두 남성 명사입니다.

Sonntag	일요일
Montag	월요일
Dienstag	화요일
Mittwoch	수요일
Donnerstag	목요일
Freitag	금요일
Samstag	토요일

❏ langsam

본문 대화 중에 다음과 같은 말이 나옵니다.

Du wirst ja auch langsam alt.

문장 중간에 들어가는 ja는 불변화사로서 특정한 의미를 갖는다기보다는 말에 색깔을 입히고 말하는 사람 간의 관계를 확인하는 역할을 합니다. 그런데 이 문장 중에 langsam이라는 말은 왜 나왔을까요? '느린'이라는 의미의 형용사인 langsam은 이 문장에서 부사로 쓰여서 '천천히, 느리게'의 의미를 갖습니다. 한국어 일상 회화에서 '슬슬'이라는 말과 비슷한 쓰임을 갖습니다.

Du wirst langsam alt.	너도 슬슬 나이를 먹는구나.
Ich werde langsam müde.	나 슬슬 지치는데.
Wir müssen langsam gehen.	우리 슬슬 가야겠어.

'슬슬'과 아주 비슷한 말이지요? 앞으로 종종 요긴하게 쓰기 바랍니다.

❏ 감탄사

독일어에도 감탄사가 있습니다. 때로는 놀라움이나 기쁨을, 혹은 슬픔과 실망을 나타내기도 하고 아픔을 나타내기도 합니다.

Ach!
놀라움이나 감탄을 나타내는 일종의 탄성입니다.

Ach so!
이 말은 우리가 독일에 가면 일상 생활에서 당장 듣게 될, 아주 많이 쓰이는 말입니다. '아 그래!' 정도의 어감을 갖고 있습니다. 때로는 별 의미 없이 상대방에게 맞장구를 쳐 주기 위해 사용하기도 합니다.

Au! Aua! Autsch!
이 말들은 아플 때 독일 사람들이 거의 무의식적으로 내뱉는 말입니다. 외국인이 처음 이 말들을 들을 때에는 저게 정말 아프다는 소리일까? 의구심마저 듭니다. 언어마다 감탄사가 다르다는 것을 확 와 닿게 하는 말들입니다.

3 한 걸음 더

❑ einkaufen gehen

독일어에도 부정사가 있다는 것을 이미 공부했습니다. 영어에 to 부정사가 있다면, 독일어에는 zu 부정사가 있습니다. 그렇다면 영어처럼 독일어에도 원형 부정사가 있을까요? 답은 '있다'입니다. 본문 중의 대화에 나왔던 다음 문장이 원형 부정사 문장의 좋은 예입니다.

Ich gehe mit meinen Schwestern einkaufen.

동사 gehen, kommen, bleiben 등은 원형 부정사와 함께 쓰여서 ~ 하러 가다, ~ 하러 오다, ~ 하고 (머물러) 있다는 의미가 됩니다. 한국어에도 비슷한 용법이 있으니 쉽게 이해할 수 있을 것입니다.

Ich gehe heute Nachmittag einkaufen.
Gehen wir einen neuen Film sehen!

Sie kommen uns oft besuchen.
Komm mir bitte helfen!

Sie bleibt den ganzen Tag lang still sitzen.
Bleiben Sie hier sitzen.

❑ 부가 의문문

우리는 곧잘, '~ 이지 않아?' '~ 하잖아, 그렇지?'와 같은 표현을 합니다. 완전한 질문도, 그렇다고 완전한 단정도 아닌 문장을 말할 때, 상대방의 동의를 구할 때 혹은 겸허하거나 부드럽게 말하고 싶을 때 이런 유형의 의문문을 말합니다. 영어에서 부가 의문문이라고 하는 형태입니다. 독일어에도 비슷한 말하기 방식이 있습니다. 다만 독일어는 영어보다 훨씬 쉽게 이런 표현을 할 수 있습니다. 본문에 나왔던 다음의 예문이 바로 이러한 의문문입니다.

Am Abend hast du doch Zeit, oder?

이 문장은 '저녁엔 너 시간 있어, 혹은?'이라고 이상하게 번역되는 문장이 아닙니다. 이 문장은 '저녁엔 시간이 있지, 그렇지?'로 번역하는 것이 더 자연스러운 부가 의문문입니다. 또 다른 예문을 들어 보겠습니다.

Es ist heute wunderschön, oder?
Diese Aufgabe ist nicht so schwer, oder?
Der Film ist sehr interessant, oder?
Du kaufst dir dieses Buch, oder?
Du isst gern Kimchi, oder?

4 구조

❑ 서수 읽기

본문 대화 중에서 'deinen 28. Geburtstag'을 어떻게 읽어야 할까요? 우선 숫자 뒤에 찍힌 마침표는 서수를 표시하는 것입니다. 서수는 형용사 어미 변화를 합니다. 앞서 배운 서수 만들기를 적용해서 천천히 연습해 보기 바랍니다.

deinen 28. Geburtstag ⇒ deinen achtundzwanzigsten Geburtstag
dein 28. Geburtstag ⇒ dein achtundzwanzigster Geburtstag

날짜 읽는 방법도 마찬가지입니다. 영어와 마찬가지로 날짜는 서수로 읽습니다. 그리고 마찬가지로 형용사 어미 변화를 합니다.

der 1. Mai ⇒ der erste Mai
der 3. April ⇒ der dritte April
der 15. Dezember ⇒ der fünfzehnte Dezember
der 30. Juni ⇒ der dreißigste Juni

❑ 복수 3격

다음 문장을 잘 보면 우리가 잘 아는 복수형 어미를 발견할 수 있습니다.

Ich gehe mit meinen Schwestern einkaufen.

네, Schwestern의 -n은 복수형 어미입니다. 그런데 이와 비슷한 다음 문장을 보면 조금 다른 어미를 발견할 수 있습니다.

Ich gehe mit meinen Kindern schwimmen.

여기에서 Kindern의 -er는 복수형 어미인 것을 쉽게 알 수 있지만 그 뒤에 또 다시 어미 -n이 붙는 것이 의아할 수 있습니다. 이 어미는 불규칙 변화, 즉 강변화를 하는 남성과 중성 명사의 복수 3격에 붙이는 어미입니다. 조건이 여러 개가 붙다 보니 이 변화를 시키는 것이 부담스럽고 까다롭게 여겨질 수 있습니다. 복수 3격이 나오면 긴장하는 습관을 들여 놓는 것이 좋을 것 같습니다.

Ich teile diese Wohnung mit zwei Freunden.
Komm bitte mit deinen Kindern.
Er arbeitet in diesem Institut mit neun Lehrern.

❑ 소유 대명사 복수형 어미 변화

Ich gehe mit meinen Schwestern einkaufen.
Komm mit deinen Schwestern.
Gut! Bring bitte auch meine Bücher mit!
Ich habe noch deine Bücher zu Hause.

다음은 복수에서 격에 따른 소유 대명사의 변화표입니다.

인칭 대명사	소유 대명사	소유 대명사 (복수 1격)	소유 대명사 (복수 2격)	소유 대명사 (복수 3격)	소유 대명사 (복수 4격)
ich	mein	meine	meiner	meinen	meine
du	dein	deine	deiner	deinen	deine
er, es	sein	seine	seiner	seinen	seine
sie	ihr	ihre	ihrer	ihren	ihre
wir	unser	unsere	unserer	unseren	unsere
ihr	euer	eure	eurer	euren	eure
sie	ihr	ihre	ihrer	ihren	ihre
Sie	Ihr	Ihre	Ihrer	Ihren	Ihre

몇 가지 예를 들면서 함께 익혀 보겠습니다.

ihre Brüder (1격, 4격)
mit meinen Büchern (3격)
die Wohnung deiner Schwestern (2격)
das Buch von eurer Brüdern (3격)

❑ 문장의 두 번째 자리는 동사

독일어에서 동사가 두 번째 위치를 차지한다는 설명은 이미 여러 번 반복했습니다. 이 강에서는 그러한 현상을 다시 한 번 짚어 보면서 정리하겠습니다. 본문에 쓰였던 다음 예문들을 읽어 보기 바랍니다.

Eine Verabredung habe ich am Wochenende.
Ich werde am Samstag eine Party geben.
Ich gehe mit meinen Schwestern einkaufen.
Aber zuerst muss ich sie fragen.

잘 알다시피 문장의 두 번째 자리는 동사가 전세 놓은 자리입니다. 첫 번째 자리에는 무엇이 오든 상관 없습니다. 문장의 주어가 첫 번째 자리에 오는 경우가 가장 많겠지만, 그렇지 않은 경우도 많습니다. 그런데 첫 번째 문장을 보면 이 첫 번째 자리에 두 개의 단어가 놓여 있는 것처럼 보일지도 모르겠습니다. Eine Verabredung은 결코 떨어뜨려서 쓸 수 없는, 항상 같이 붙어 다녀야 하는 단어들이며 하나의 단위로 취급합니다. 따라서 윗 문장에서도 두 개의 문장 성분으로 취급하지 않고 하나의 문장 성분처럼 보는 것입니다. 네 번째 문장에서도 접속사 aber가 쓰인데다가 그 뒤에 부사인 zuerst까지 함께 쓰여서 동사가 세 번째 자리에 쓰인 것처럼 보일 수 있습니다. 접속사 aber는 문장의 어순을 전혀 바꾸지 않는 등위접속사입니다. 마치 그 자리에 없는 것처럼 생각하고 어순을 결정하면 됩니다.

5 Tipp

❑ 목적어로 쓰이는 원형 부정사

다음 문장을 보면 동사가 두 개나 쓰인 것이 의아할 수도 있겠습니다.

Ich gehe mit meinen Schwestern einkaufen.

이 문장에서 뒤에 쓰는 동사 einkaufen은 원형 부정사로서 동사로 쓰인 것이 아니라 정동사 gehen의 4격 목적어로 쓰인 것입니다. 이처럼 원형 부정사는 목적어로 쓰일 수도 있습니다. 다음의 예문을 보겠습니다.

Ich höre ihn die Treppe heraufkommen.
Er fühlt sie näher kommen.
Hören Sie die Vögel singen?

잘 보면 이런 용법으로 부정사를 목적어처럼 취하고 있는 동사들은 우리가 흔히 영어 문법에서 지각 동사라고 부르는 동사들이라는 것을 알 수 있습니다. 즉 hören, fühlen, sehen과 같은 동사들은 부정사를 4격 목적어처럼 취할 수 있습니다. 원형 부정사는 이외에도 다양한 모습으로 나타납니다만, 이 강에서는 더 자세히 다루지는 않겠습니다.

제35강

Haben Sie reserviert?

1 기본 대화와 표현

A: Guten Abend! Haben Sie reserviert?

B: Ja, mein Name ist Jörg Kramer.

A: Ihr Platz ist dort neben dem Fenster.

B: Vielen Dank! Ich warte noch auf meine Freundin.

Nach einer Viertelstunde

B: Herr Ober, wir möchten jetzt bestellen.

A: Gerne. Was darf ich Ihnen bringen?

B: Ich nehme ein Mineralwasser.

C: Ich möchte ein Bier, bitte.

A: Ja, und zum Essen?

B: Ich möchte einen Kalbsbraten.

A: Wie möchten Sie Ihren Kalbsbraten, bitte?

B: Durchgebraten, bitte.

C: Für mich einen Fischteller, bitte.

A: Sehr wohl! Ich bringe Ihnen Getränke.

A: 안녕하세요! 예약하셨습니까?

B: 네, 제 이름은 외르크 크라머입니다.

A: 손님 자리는 저기 창가입니다.

B: 감사합니다. 아직 제 여자 친구를 기다리고 있습니다.

15분 후

B: 여기요, 저희 이제 주문하려 하는데요.
A: 알겠습니다. 무엇으로 갖다 드릴까요?
B: 저는 우선 미네랄워터 한 잔이요.
C: 저는 맥주 한 잔이요.
A: 네, 그리고 요리는요?
B: 저는 송아지구이로 주세요.
A: 송아지 구이를 어떻게 드릴까요?
B: 완전히 익혀 주십시오.
C: 저는 모듬생선으로 주세요.
A: 잘 알겠습니다. 음료 갖다 드리겠습니다.

2 어휘

der Platz 자리, 광장
auf 4격 warten ~를 기다리다
der Ober 수석 웨이터
gerne 기꺼이
das Essen 음식, 식사
der Kalbsbraten 송아지구이
Sehr wohl! 잘 알겠습니다
warten ⓢ 기다리다
die Viertelstunde 15분
bestellen ⓢ 주문하다
bringen ⓢ 가져오다, 데려오다
zum Essen 음식으로
durchgebraten ⓗ 완전히 익힌
das Getränk 음료수
der Fischteller 여러 가지 생선을 함께 담아 내오는 요리

❑ warten

동사 warten은 영어의 wait와 비슷한 쓰임을 갖고 있습니다. '기다리다'라는 같은 의미를 가졌을 뿐 아니라 반드시 전치사와 같이 사용해야만 '누구를 기다리다'라는 의미가 되는 것도 닮았습니다. 독일어 동사 warten은 목적어를 취할 수 없는 자동사이고 auf + 4격 목적어의 형태로만 씁니다.

Ich warte noch auf meine Freundin.

이 표현은 내가 여자 친구를 기다리고 있다는 의미입니다. 타동사로는 erwarten이 있습니다. 타동사를 쓸 경우 전치사는 더 이상 필요가 없겠지요.

Ich erwarte noch meine Freundin.

❑ studieren

본문에서는 등장하지 않았지만 만일 웨이터가 음식 주문을 받으러 왔는데 아직 결정을 못 내린 상태라면 조금 있다가 다시 와 달라든가 혹은 잠시 기다려 달라고 말해야 하겠지요. "조금 더 들여다봐야겠습니다."라는 말을 잊지 않아야 함은 물론이고요. 이럴 때 쓰이는 말이 있습니다.

Ich muss noch weiter studieren.
Ich möchte noch weiter studieren.

여기서 studieren은 한국어에서와 마찬가지로 학문적 주제가 아닌 일상적 대상을 연구한다는 의미로 쓰인 것입니다. 한국어로는 "좀 더 연구해 봐야겠는데요." 정도의 의미로 생각하면 되겠습니다.

3 한 걸음 더

❑ 예약 · 자리 잡기와 관련된 표현

앞에서 패스트푸드점이나 간이 식당에서 서서 간단히 주문하는 형태에 대해 설명했습니다. 이 강에서는 예약을 해야 하는 식당에서 자리를 잡기 위해 사용하는 표현들을 공부해 보겠습니다.

Haben Sie reserviert?

'예약을 하셨느냐'는 질문입니다. 손님이 만일 예약을 했다고 대답한다면

Unter welchem Namen?

이라고 물어 볼 수 있습니다. '어떤 이름으로 예약하셨느냐'는 의미입니다.
'손님의 예약석은 저쪽입니다'라는 표현은 다음과 같습니다.

Da ist Ihr Platz.

창가 좌석은 Platz neben dem Fenster라고 말합니다. Platz am Fenster라고 할 수도 있습니다. 예문을 보겠습니다.

A: Haben Sie reserviet?
B: Ja!
A: Unter welchem Namen, bitte?
B: Mein Name ist Braun.

A: Herr Braun, da ist Ihr Platz.

❑ 음식 주문을 위한 표현들

레스토랑에서 스테이크 종류를 주문하면 웨이터가 되물어 오는 바람에 당황하는 수가 있습니다. 고기를 어떻게 익혀 주기를 원하느냐는 말, 그리고 그에 대해 대답하는 말을 연습해 보겠습니다. 먼저 고기를 어떻게 해 주기를 원하느냐는 질문입니다.

Wie möchten Sie Ihren Kalbsbraten, bitte?

보통 한국인들은 완전히 익혀 주기를 원하지요.

Durchgebraten, bitte.

중간 정도로 익혀 달라고 하고 싶으면 rosa, 혹은 medium이라고 말합니다. 핏물이 떨어질 정도로 살짝만 익히기를 원한다면 blutig 혹은 englisch라고 말합니다.

A: Wie möchten Sie Ihren Kalbsbraten, bitte?
B: Durchgebraten, bitte.
Medium, bitte.
Rosa, bitte.
Englisch, bitte.
Blutig, bitte.

❑ Zahlen, bitte!

식당에서 맛있게 음식을 먹고 나면 계산을 해야겠지요? 계산하겠다고 웨이터를 부를 때에는 이렇게 말합니다.

Zahlen, bitte!

여럿이 왔을 경우 웨이터가 되물을 것입니다.

Zusammen oder getrennt?

한꺼번에 내겠느냐 아니면 따로따로 계산하겠느냐는 질문입니다. 원하는 대로 대답해 주면 됩니다.

Zusammen, bitte!
Getrennt, bitte!

대개는 약간의 봉사료를 주게 되는데, 음식값에 자기가 주고 싶은 봉사료를 합해서 말하면서 돈을 웨이터에게 건네주면 됩니다. 대화 예를 보겠습니다.

A: Zahlen, bitte!
B: Ja, gerne! Zusammen oder getrennt?
A: Zusammen, bitte!
B: Zusammen. Das macht 23 Euro, bitte!
A: Hier, 25 Euro. Bitte sehr!
B: Vielen Dank!

4 구조

❑ 분사

고기를 잘 익혀 달라는 말을 할 때 durchgebraten이라는 형용사를 썼습니다. 이 형용사는 잘 보면 다음과 같이 쪼갤 수 있습니다.

durch + ge + braten

durchbraten은 원래 동사로서 한 단어입니다. '잘 굽다'라는 의미를 갖고 있습니다. 그렇다면 durchgebraten은 어떻게 만들어진 단어이며 왜 형용사로 쓰이는 것일까요? 동사가 형용사로 쓰인다는 것은 과거분사나 현재분사로 쓰였다는 것을 의미할 것입니다. 여기에서는 과거분사로 사용된 것입니다. 그러나 -ge-를 쓴다고 해서 과거분사가 쉽게 만들어지는 것은 아닙니다. 이 강에서는 과거분사를 공부하면서, 동사의 과거형도 함께 공부하겠습니다. 먼저 규칙 변화를 보겠습니다.
동사 lernen은 과거와 과거분사에서 규칙적인 변화를 보여 주는 동사입니다. 다음과 같이 변화합니다.

lernen	lernte	gelernt

동사의 과거형은 동사의 어간 + te의 형태로, 동사의 과거분사는 ge + 동사의 어간 + t의 형태로 만듭니다. 동사의 어간이란 동사의 부정형에서 -(e)n을 뺀 나머지를 말합니다. 동사 lernen은 어간 lern-과 어미 -en으로 구성되어 있으며 과거형은

lern- + te ⇒ lernte

과거완료형은

ge- + lern- + -t ⇒ gelernt

입니다. 그러면 다른 규칙 동사의 과거와 과거 완료형도 연습해 볼까요?

fragen	fragte	gefragt
sagen	sagte	gesagt
legen	legte	gelegt
setzen	setzte	gesetzt
warten	wartete	gewartet
antworten	antwortete	geantwortet

몇몇 경우를 제외하고는 거의 예외 없이 규칙적으로 변화합니다. 그렇다면 불규칙 동사는 어떻게 변화하는 것일까요? 다음의 표에서 지금까지 배운 동사 중에 일부 불규칙 동사들의 변화를 볼 수 있습니다.

essen	aß	gegessen
fahren	fuhr	gefahren
kommen	kam	gekommen
sehen	sah	gesehen
haben	hatte	gehabt
sein	war	gewesen
werden	wurde	geworden
gehen	ging	gegangen

보시다시피 어떤 변화의 규칙을 찾기는 거의 불가능합니다. 영어의 불규칙 동사를 외울 때처럼 이유 불문 외우는 것 외에는 별다른 방법이 없는 것이 사실입니다. 시간 날 때마다, 틈 날 때마다 우선은 무작정 읽는 연습을 하기 바랍니다. 일단 입에 익게 되고, 또 자주 쓰다 보면 생각보다는 쉽게 외워집니다.
또 한 가지! 전철이 붙은 동사의 과거와 과거분사는 어떻게 변화하는지 보겠습니다. 변화의 유형은 전철이 분리 전철이냐, 비분리 전철이냐에 따라 달라집니다. 먼저 분리 전철이 붙은 동사의 경우를 보겠습니다.

동사 abfahren(ab + fahren)의 변화는 다음과 같습니다.

abfahren	fuhr…ab	abgefahren

과거형은 아직 공부하지 않았으니 일단 접어 두기로 합니다. 여기에서 주목해야 할 것은 분리 전철 ab의 위치입니다. 분리 전철은 틈만 나면 동사로부터 떨어지려고 하는 성질이 있다고 말씀드렸습니다. 과거분사에서도, ge가 중간에 들어감으로써 동사와 떨어지게 된 것을 매우 좋아하고 있는 것 같습니다.

분리 전철 + 동사의 과거분사형

이와 같은 형식으로 분리 동사의 과거분사를 만들어 주면 되겠습니다.
비분리 동사의 경우에는 이와 다를 것이라는 짐작이 되겠지요? 비분리 전철은 결코 어떤 경우에도 동사와 떨어질 수 없다고 말씀드렸습니다. 따라서 이 경우에는 분리 전철처럼 동사와의 사이에 다른 성분을 둘 수 없습니다. 그래서 ge가 아예 없어져 버립니다.

erfahren	erfuhr	erfahren

그럼 이제 다른 분리 동사와 비분리 동사들의 과거와 과거분사를 연습해 보겠습니다.

verfahren	verfuhr	verfahren
ankommen	kam···an	angekommen
verstehen	verstand	verstanden
darstellen	stellte···dar	dargestellt
abbiegen	bog···ab	abgebogen

5 Tipp

❑ gern · gerne

이런저런 매체에서 독일어를 접하다 보면, 어떤 때에는 gern을 쓰고 어떤 경우에는 gerne를 쓰는 것을 발견할 것입니다. 어떤 차이가 있을까요? 먼저 이 두 단어의 의미 차이는 없습니다. 다만 gerne는 좀 더 구식이라고나 할까요? 오늘날 독일의 일상 회화에서는 주로 gern이 쓰입니다. 별 의미 없는 모음이 맨 끝에 오니 되도록 줄여서 간단하게 말하려는 것입니다. 일례로 ferne 역시 오늘날 별로 많이 쓰지 않고 fern이라고 합니다. 그러나 경제성의 원칙이 언어 변화에 일관성 있게 적용되는 것은 아닙니다. 대표적인 예로, allein이 표준어임에도 불구하고 많은 사람들이 일상 회화에서 alleine라고 씁니다. 어법에 어긋나는데도 말입니다. 언어 현상은 참으로 예측할 수 없는 흥미로운 세계입니다.

❑ -t로 끝나는 동사 어간

다음의 변화표를 보면 다른 동사에 비해 중간에 모음이 좀 더 들어간다 싶은 동사가 보일 것입니다.

warten	wartete	gewartet
antworte	antwortete	geantwortet

위의 동사들은 어간이 -t로 끝나는 특징을 갖고 있습니다. 따라서 과거형 어미 -te를 붙이거나 ge-t를 이용해 과거분사로 만들면 다음과 같은 단어가 되어 버립니다.

wartte — gewartt(×)

antwortte — geantwortt(×)

그래서 이런 경우 어간과 어미 사이에 모음 e를 하나 넣어 주어서 어간의 마지막 자음이 명확하게 발음되도록 하는 것입니다.

크리스마스 시즌의 드레스덴 시내 풍경입니다.

제36강

Mit wem spreche ich bitte?

1 기본 대화와 표현

A: Baumann, hallo?

B: Guten Tag! Kann ich bitte Sven sprechen?

A: Ich fürchte, Sie haben sich verwählt.

B: Oh, tut mir Leid, ist Ihre Nummer nicht 75 85 36?

A: Doch, aber hier ist kein Sven Baumann. Mein Sohn heißt Jens.

B: Ach, ich habe mich geirrt. Ja, ich möchte mit Jens sprechen.

A: Jens ist zur Zeit nicht da. Er wohnt im Studentenwohnheim.

B: Ach so? Haben Sie die Nummer des Studentenwohnheims?

A: Ja, aber··· mit wem spreche ich bitte?

B: Mein Name ist Klara, ich bin Jens' Kommilitonin.
Ich habe ihn etwas zu fragen, wegen des Referats.

A: Ach so. Na gut. Hier ist seine Nummer. 24 92 21.

B: 24 92 21, richtig?

A: Richtig.

B: Vielen Dank, Frau Baumann!

A: Keine Ursache.

B: Auf Wiederhören!

A: Auf Wiederhören!

A: 바우만 씨 집입니다, 여보세요!

B: 안녕하세요! 스벤과 통화할 수 있을까요?

A: 저런, 잘못 거신 것 같은데요.

B: 아, 죄송합니다. 번호가 75 85 36 아닌가요?

A: 맞긴 한데요, 스벤 바우만이라는 사람은 없는데요. 우리 아들은 이름이 옌스거든요.

B: 이런, 제가 실수했네요. 네, 옌스랑 통화하고 싶습니다.

A: 옌스는 지금 집에 없어요. 걔는 지금 기숙사에 있는데요.

B: 아 그래요? 기숙사 전화 번호 알고 계세요?

A: 네, 하지만… 전화하신 분은?

B: 제 이름은 클라라예요. 옌스의 학교 친구입니다.
옌스한테 리포트 때문에 물어 볼 게 좀 있어서요.

A: 아 그래요, 반가워요, 클라라 양.
걔 번호가 여기 있네요. 24 92 21

B: 24 92 21요, 맞나요?

A: 맞아요.

B: 감사합니다, 바우만 부인!

A: 뭘요.

B: 그럼 안녕히 계세요!

A: 안녕히 계세요!

이번 강에서는 전화를 걸고 받을 때 주고받는 표현들을 총정리하겠습니다. 앞서 제13강과 제16강에서 이미 전화 대화에 사용하는 간단한 표현을 익혔습니다. 이 강에서는 전화를 잘못 걸었을 때, 다른 사람을 바꿔 달라고 말할 때 등 조금은 복잡한 상황에서 사용하는 표현을 공부하겠습니다.

2 어휘

sprechen ㊍ 말하다
fürchten 두려워하다
Tut mir Leid 미안합니다, 유감이군요.
irren ㊍ 잘못을 저지르다
da 여기, 거기, 그때
zur Zeit 당분간
die Kommilitonin 대학교 친구(여자)
die Ursache 원인
mit 3격 sprechen ㊍ ~ 와 말하다, 통화하다.
sich verwählen ㊍ 전화를 잘못 걸다
die Nummer 번호, 전화 번호
sich irren ㊍ 실수하다, 잘못하다
das Studentenwohnheim 기숙사
wem ㊇ 누구에게, wer의 3격
richtig ㊌ 옳은, 맞는
Keine Ursache! 뭘요! 별 거 아닙니다!

4격 sprechen ⓢ ~ 에게 말하다, 이야기하다, 통화하다
Auf Wiederhören! 안녕히 계세요(전화를 끊을 때 쓰는 인사말)

3 한 걸음 더

❑ Baumann, Hallo!

전화를 받을 때에는 자신의 이름, 즉 성을 먼저 말한다는 것은 이미 말씀드렸습니다. 자신의 성을 말하고 나서는 Guten Morgen! Guten Tag! Guten Abend! 혹은 예문에서처럼 Hallo!라고 말하면 됩니다. 단순히 자신의 이름만 말하는 경우도 많습니다. 젊은 사람들이나 학생들은 간단히 자기 이름을 대기도 합니다.

Sabine Müller am Apparat!

❑ 스벤과 통화할 수 있을까요?

전화를 받은 사람이 자신이 통화하고자 하는 사람이 아닐 때, '누구 좀 바꿔 주세요' 라고 이야기할 수 있어야 하겠지요. 독일어로 '누구를 바꿔 주세요'라는 표현은 '누구와 이야기하고 싶다'에 해당합니다.

Ich möchte Sven sprechen.

Kann ich bitte Sven sprechen?

스벤이 있으면 다행이지만 스벤이 없으면 뭐라고 말할까요?

Er ist nicht da.

'그는 여기에 없습니다'라고 말합니다. 본문 대화에서도 옌스는 집에 없었지요.

Jens ist zur Zeit nicht da.

❑ 잘못 거셨어요

본문 대화 중에도 '전화 잘못 거셨어요'라는 말이 나옵니다.

Ich fürchte, Sie haben sich verwählt.

전화를 잘못 걸다 '번호를 잘못 선택하다'라는 표현은

Sie haben sich verwählt.

입니다. 재귀 동사 sich verwählen을 사용합니다. 함께 쓰인 ich fürchte라는 표현은 영어의 I'm afraid와 유사한 표현이라고 생각하면 됩니다. 말 그대로 해석하자면, '말하기 두렵지만, 이런 말 하는 건 겁나지만' 정도의 의미라고나 할까요. 이 말을 보태면, 단순히 Sie haben sich verwählt라고 말하는 것보다 친절하고 예의 바르게 들립니다. 이 외에도 상대방의 기대에 부응하지 못하는 상황을 설명해야 할 때 쓸 수 있는 말입니다.

Ich fürchte, Sie haben sich geirrt.

여기에서 쓰인 haben + 과거분사의 형태는 완료형입니다. 구조 편에서 자세히 공부하겠습니다만, 과거 시제의 의미로 쓰인다는 것만 기억해 두기 바랍니다.

❑ 제가 클라라인데요!

전화 받고 있는 사람, 즉 내가 ~ 라는 표현은 다음과 같습니다.

Klara am Apparat.
Hier spricht Klara.
Hier ist Klara.

❑ 안녕히 계세요!

전화를 끊을 때 하는 말에 대해서는 앞에서 이미 공부했습니다. 헤어질 때 Auf Wiedersehen!이라고 말하듯이 전화를 끊을 때는

Auf Wiederhören!

이라고 말합니다. 물론 친한 사이에는 격식을 덜 차리고 끊어도 상관 없습니다.

Tschüs!
Ciao!
Bis später!

다 좋습니다. 지금까지 배운 표현들을 중심으로 다음의 짤막한 대화들을 연습해 보겠습니다.

A: Baumann, guten Tag!
B: Guten Tag! Kann ich bitte Sven sprechen?
A: Klar! Warten Sie bitte!
B: Vielen Dank!

A: Sprachinstitut, Markus Bauer!
B: Hallo! Ich möchte Sven sprechen.
A: Einen kleinen Moment, bitte!

A: Meyer!
B: Hallo, Jan! Hier ist Anne!
A: N'Abend, Anne! Wie geht's?
B: Gut, danke! Und dir?
A: Auch gut! Und?
B: Na, hast du das Referat geschrieben?
A: Das Referat, ja! Und du?
B: Noch nicht. Ich brauche dein Buch.
A: Ach so! Ja, ich gebe es dir.
B: Kommst du morgen Nachmittag zu mir?
A: Sicher! Dann sehen wir uns morgen!
B: Bis morgen!
A: Bis dann!

4 구조

❑ 완료

이미 짐작했겠지만 이번 강에서는 매우 중요한 시제가 새로 소개됩니다. 지금까지는 현재형만 사용되었지만 사실 우리가 말을 할 때에는 '~ 했어', '~ 였어' 등, 과거 시제로 말하는 경우가 많습니다. 이럴 때 영어에서는 과거 시제를 사용하지만 독일어에서는 현재완료 시제를 사용합니다. 독일어의 완료형은 영어와 비슷한 면도 많습니다.

haben + 과거분사

대략 이런 형태입니다. 다만 독일어에서는 두 번째 위치에 동사가 하나만 올 수 있기 때문에 과거분사는 문장의 맨 뒤에 쓰인다는 것은 주의해야 할 점입니다. 또 한 가지! 조동사로 haben만 쓰이는 것이 아니라 sein도 쓰입니다. 그래서 다음과 같이 쓰는 것이 정확합니다.

sein…
haben… + 과거분사

과거분사에 대해서는 35강에서 이미 공부했습니다. 어떤 경우에 조동사로 sein을 쓰고 또 어떤 경우에 조동사로 haben을 쓸까요? 먼저 조동사로 sein을 쓰는 경우가 더 한정적이라는 것을 말씀드립니다. 따라서 어떤 경우에 조동사로 sein을 택하는지를 외우면 그 나머지는 자동적으로 조동사 haben을 택하는 것이니 간편하게 구분할 수 있습니다. 완료형에서 조동사 sein을 택하는 동사는

1. 기본적으로 자동사여야 합니다. 타동사, 재귀 동사, 화법 조동사는 모두 완료형에서 조동사 haben을 필요로 합니다.
2. 자동사 중에서도 다음의 특성을 가지고 있는 동사들입니다.
   1) 장소의 이동을 표현하는 동사
      gehen, kommen, fahren, fliegen, laufen, fließen 등
   2) 상태의 변화를 표현하는 동사
      werden, sterben, aufstehen, einschlafen 등
   3) sein, bleiben

그러면 이제 본문 대화 중에서 완료형이 쓰였던 문장들을 찾아서 따로 정리해 보겠습니다.

Ich fürchte, Sie haben sich verwählt.
Ach, ich habe mich geirrt.

이 동사들은 모두 재귀 동사들이라 조동사 haben과 결합하여 완료형을 만들고 있습니다. 그러면 우리가 알고 있는 동사들을 이용해서 다양한 완료형을 만들어 보겠습니다.

Ich habe sie auf der Straße gesehen.
Hast du zu Mittag gegessen?
Habt ihr den Film gesehen?
Wir haben den ganzen Tag lang gearbeitet.
Warum haben Sie ihr nicht geholfen?

Er ist schon gegangen.
Sein Vater ist gestern gestorben.
Wann ist der Zug abgefahren?

Wir sind vor einer Stunde angekommen.

Sie ist um 6 Uhr aufgestanden.

❑ 2격 명사구

다음은 다양한 2격 명사구들이 포함된 문장들입니다.

Haben Sie die Nummer des Studentenwohnheims?
Mein Name ist Klara, ich bin Svens Kommilitonin.
Ich habe ihn etwas zu fragen, wegen des Referats.

먼저 die Nummer des Studentenwohnheims은

명사구 + 2격 명사구

의 형식을 갖고 있습니다. 이 경우 앞서 설명한 것처럼 2격 명사구를 von + 3격으로 보면 쉽게 해석됩니다. 두 번째, Svens Kommilitonin에서 Svens는 고유명사에 s를 붙여서 2격, 즉 소유격을 만든 것입니다. 어떻게 보면 영어의 소유격과 매우 흡사합니다. 이것은 원래 독일어의 2격의 용법이라고는 말할 수 없지만 현재 독일의 일상 회화에서 자주 쓰이는 표현입니다. 영어에 익숙해 있는 학생들에게는 어쩌면 조금 더 편할지도 모르겠습니다. 세 번째 2격 명사구는 2격 지배 전치사의 지배를 받기 때문에 나온 명사구입니다. 이 강에 등장하는 전치사 wegen은 2격을 지배합니다. 명사 Referat가 불규칙 변화를 하는 중성 명사이므로 2격에서 어미 -s가 쓰인 것을 주의해서 보기 바랍니다. 앞서 말씀드린 대로 독일어에서 2격은 점점 적게 쓰이는 격입니다. 2격 지배 전치사도 적게 쓰이거나 혹은 2격이 아닌 3격을 지배하는 것처럼 보이는 경우가 많습니다. 전치사 wegen도 일상어에서는 종종 3격을 지배하는 전치사처럼 쓰입니다.

wegen dem Referat

물론 2격을 쓰는 것이 현재의 어법으로 맞는 것이겠지만 이런 말을 듣게 되더라도 당황하지 않기 바랍니다. 문법과 언어는 사랑과 마찬가지로 움직이는 것이니까요.

5 Tipp

❑ 부정사

본문에 zu 부정사의 여러 용법이 포함된 문장이 등장했습니다.

Ich habe ihn zu fragen.

이 문장에는 haben + zu 부정사구가 포함되어 있습니다. 이는 영어의 have + to와 비슷한 의미를 갖고 쓰이는 숙어입니다. '~ 해야 한다, 혹은 ~ 할 것이 있다'로 해석하면 됩니다. 따라서 본문의 문장은 '그에게 물어 볼 것이 있습니다.'로 해석됩니다. 몇 가지 예를 더 들어 볼까요?

우리는 아직 해야 할 일이 많습니다.
Wir haben noch viel zu tun.

우리는 독일어 수업을 해야 합니다.
Wir haben noch unsere Deutschstunde zu machen.

우리는 낭비할 시간이 없습니다.
Wir haben keine Zeit zu verlieren.

상트 페트리 대성당입니다. 브레멘의 상징과도 같은 두 개의 첨탑은 전형적인 북독일 성당의 모습을 보여주고 있습니다.

제37강

Heute haben wir keinen Termin mehr frei

1 기본 대화와 표현

A: Hier Praxis Dr. Habermann. Grüß Gott!

B: Grüß Gott! Ich habe starke Zahnschmerzen.
Kann ich bitte jetzt kommen?

A: Leider unmöglich. Heute haben wir keinen Termin mehr frei.

B: Verstehe. Wann kann ich dann kommen?

A: Vielleicht morgen um elf? Können Sie morgen kommen?

B: Ja, ich komme um elf Uhr. Mein Name ist Jens Bauer.

A: Alles klar! Auf Wiederhören!

B: Danke. Auf Wiederhören!

A: Guten Morgen. Haben Sie einen Termin?

B: Ja, ich hatte gestern angerufen. Ich heiße Jens Bauer.

A: Ach ja. Waren Sie schon mal bei uns?

B: Nein, heute komme ich zum ersten Mal.

A: Füllen Sie bitte dieses Formular aus.

B: Ja, das mache ich.

A: 하버만 박사의 병원입니다. 안녕하세요!

B: 안녕하세요! 제가 이가 무척 아파서요. 지금 가도 될까요?

A: 죄송하지만 안 되겠는데요. 오늘은 예약이 꽉 차 있어서요.

B: 알겠습니다. 그러면 언제 가면 될까요?

A: 아마 내일 11시쯤? 내일 올 수 있으세요?
B: 네, 제가 11시에 가겠습니다. 제 이름은 옌스 바우어입니다.
A: 잘 알겠습니다! 안녕히 계세요!
B: 감사합니다. 안녕히 계세요!

A: 안녕하세요? 예약하셨습니까?
B: 네, 어제 전화 드렸습니다. 저는 옌스 바우어입니다.
A: 아 네. 저희 병원에 오신 적이 있으시던가요?
B: 아뇨, 오늘이 처음입니다.
A: 여기 이 양식을 채워 써 주세요.
B: 네, 그렇게 하겠습니다.

2 어휘

die Praxis 실천, 실행, 개업의 병원 등
die Zahnschmerzen. 치통
der Termin 시간 약속
Alles klar! 잘 알겠습니다!
ausfüllen ⓢ (서류 양식을) 채우다
stark ⓗ 강한, 심한
unmöglich ⓗ 불가능한
klar ⓗ 맑은, 분명한, 명백한
zum ersten Mal 처음으로
das Formular 서류, 공식

3 한 걸음 더

❑ Ich habe starke Zahnschmerzen

starke Zahnschmerzen은 강한 치통, 말 그대로 심한 치통을 말합니다. 신체의 통증 정도가 심할 때에 형용사 stark를 써서 표현한다는 것을 기억해 두기 바랍니다.

명사 Zahnschmerzen은

Zahn + Schmerzen의 구조를 가지고 있습니다. 통증이 있는 신체의 이름에 Schmerzen을 붙여서 특정 부위의 통증을 뜻하는 명사를 만들어낼 수 있습니다. 다음 표현들을 함께 만들어 볼까요?

나는 머리가 아픕니다.	Ich habe Kopfschmerzen.
나는 배가 심하게 아픕니다.	Ich habe starke Bauchschmerzen.
당신은 등의 통증이 있으신가요?	Haben Sie Rückenschmerzen?
어제부터 발의 통증이 있습니다.	Seit gestern habe ich Fußschmerzen.

❑ Mein Kopf tut mir weh

신체의 통증을 표현하는 또 다른 표현을 공부하겠습니다. 한국어의 표현 방식과 많이 달라서 쉽게 이해되지 않는 표현인데요, '신체 어느 부분이 내게 아프게 한다'라는 식으로 표현합니다. 즉 머리가 아프다는 말은 다음과 같이 표현하게 됩니다.

Mein Kopf tut mir weh.	머리가 아파요.
Mein Weisheitszahn tut mir weh.	사랑니가 아파요.
Seit gestern tut mir der Bauch weh.	어제부터 배가 아파요.

4 구조

❑ Verstehe!

이 강에는 우리가 앞서 익힌 문장들에 비해서 뭔가 좀 부족한 듯한 표현들이 몇 가지 등장합니다.

Verstehe.
Vielleicht morgen um elf?
Ich hatte gestern angerufen.

이 표현들은 각각 다음의 표현들에 비해 한두 개의 문장 성분이 빠져 있는 표현들입니다.

Ich verstehe das. Ich verstehe dich.
Vielleicht können Sie morgen um elf Uhr kommen?
Ich habe Sie gestern angerufen.
Ich habe Sie gestern angerufen und einen Termin vereinbart.

그런데 사실은 짧게 표현한 문장들이 더 쓰기 편리하고, 몇 가지 문장 성분이 좀 빠져 있다고 하더라도 이해하는 데에 아무 무리가 없다는 것을 쉽게 알 수 있을 것입니다. 우리말 사용도 사실은 마찬가지입니다. 어법에 맞추어 모든 문장 성분을 늘 다 써야 한다면 오히려 이해하기가 더 어려운 문장이 될 수 있습니다. 특히 und로 연결되는 문장에서 주어와 동사를 계속 반복한다면 정확한 문장이라기보다는 필요 이상으로 길어서 효과적인 의사 소통을 오히려 저해하는 표현이 될 것입니다.

Ich habe gestern einen Film gesehen und ich habe gestern auch Musik gehört.

그래서 앞 문장과 중복되는 부분을 생략해 버리고 다음과 같이 말하겠지요.

Ich habe gestern einen Film gesehen und auch Musik gehört.

외국어를 배워서 말할 때에는 정확히 말하기 위해 모든 문장 성분을 되도록 자세히 다 이야기하려고 하는 경향이 있는데, 이러한 언어 습관이 반드시 효과적인 의사 소통 방식은 아니라는 것을 알 수 있을 것입니다. 그렇다고 임의로 문장 성분을 생략해 버리는 것도 위험천만한 일입니다. 생략할 때에는,

1. 한 문장 안에서 혹은 이전 문장에서 사용되었던 어휘 또는 어절이어서 반복하지 않아도 이해에 무리가 없는지
2. 관습적으로 생략해도 잘 이해가 되는 표현인지
3. 맥락에 의해 누구나 알 수 있는 표현이므로 굳이 반복하지 않아도 이해가 잘 되는지를 확인하시기 바랍니다.

❑ Kann ich bitte jetzt kommen?

앞에서도 이미 여러 번 나왔었지만 kommen은 '오다'로만 해석되는 것이 아니라 경우에 따라서는 '가다'로 해석해야 할 경우도 많습니다. 이것은 한국어 화자와 독일어 화자가 공간에 대한 표현 방식이 다르기 때문인데요, 영어를 배울 때에도 그 차이를 경험하셨을 것입니다. "나도 가도 돼?"라고 친구에게 물었을 때, 승낙한다면 "응 그래 와!"라고 대답하겠지요. 이 대화를 독일어로 옮기면 다음과 같습니다.

A: Kann ich auch mitkommen?
B: Klar! Komm mit!

독일어로는 같은 kommen 동사로 쓰이는 표현이 우리말에서는 '가다-오다'로 번역되는 것을 알 수 있습니다. 어떤 차이가 있는 것일까요? 한국어 화자는 자신이 현재 있는 위치에서 멀어지는 움직임을 '가다', 자신이 있는 장소로 가까이 오는 것을 '오다'로 해석합니다. 한편 독일어 화자는 지금 현재 위치를 중심으로 하지 않고 이동 행위의 종착점, 목적지를 중심으로 가까워지는가 혹은 멀어지는가를 kommen, gehen으로 표현합니다. 그런데 목적 지점에 대화에 참여하고 있는 일인칭이나 이인칭 중 적어도 한 사람이 반드시 포함되어 있다는 것에 주의하기 바랍니다. 아래 문장들을 보면 그

차이를 구분할 수 있을 것입니다.

Ich gebe morgen eine Party. Kommst du auch?

Ich komme morgen wieder!

Warum bist du noch nicht zur Schule gegangen?

5 Tipp

❑ Das mache ich!

본문 중에 나왔던 표현, Das mache ich!는 아마도 일상 생활에서 가장 많이 듣고 또 쓰게 되는 표현 중 하나일 것입니다. “내가 할게!”라는 이 말은 그러나 하다라는 동사를 쓰지 않고 만들다라는 동사를 썼습니다. 영어의 do 동사에 가까운 동사는 사실 tun이 아니라 machen이라는 짐을 기억해 두세요.

뮌헨 대학 내부의 모습입니다.

제38강

Seid ihr nach Deutschland gefahren?

1 기본 대화와 표현

A: Hanul, was hast du in den Ferien gemacht?
B: Während der Ferien habe ich eine schöne Reise gemacht.
A: Eine Reise? Mit wem? Wohin?
B: Eine Frage nach der anderen, bitte!
Ich bin mit Klara gefahren.
A: Mit Klara? Seid ihr nach Deutschland gefahren?
B: Ja, woher weißt du das?
A: Klara wollte dieses Jahr nach Deutschland fliegen.
B: Ja, weil ihre Eltern in Deutschland wohnen.
A: Wie lange seid ihr da gewesen?
B: Etwa zwei Wochen.
A: Was habt ihr dort gemacht?
B: Wir haben bei ihren Eltern gewohnt und ihre Freunde und Verwandten besucht. Ich habe viele nette Leute kennen gelernt.
A: Wie schön! Ich beneide dich!

A: 하늘아 너 방학 때 뭐 했니?
B: 방학 중에 난 멋진 여행을 했지.
A: 여행이라고? 누구랑? 어디로?
B: 한 번에 하나씩만 질문해 줘!
클라라랑 같이 갔었어.
A: 클라라랑? 너희 독일 갔었니?

B: 응, 너 그거 어떻게 알았어?
A: 클라라는 이번 여름에 독일에 가고 싶어 했거든.
B: 그래, 걔 부모님이 독일에 살고 계시니까.
A: 너희들 독일에 얼마나 오래 있었어?
B: 두 주일 정도.
A: 거기서 뭐 했어?
B: 우리는 클라라의 부모님 댁에서 묵으면서 걔 친구들과 친척들을 방문했어. 난 좋은 분들을 많이 알게 됐어.
A: 얼마나 좋아! 네가 부럽다.

이 강에서는 친구들이 방학에 있었던 일을 이야기하는 대화가 소개됩니다. 일상적인 대화에서 과거에 있었던 일을 이야기할 때에는 현재 완료형을 씁니다. 이 강에서는 과거에 있었던 일을 표현하는 다양한 동사의 완료형을 공부하겠습니다.

2 어휘

die Ferien 휴가
die Reise 여행
woher 어디로부터
dieses Jahr 올해에는
dort ㊕ 거기에
nett ㊖ 친절한, 상냥한
kennen lernen ㊐ 알게 되다, 사귀다
während ~ 하는 동안에
einmal ㊕ 한번은
das Jahr 해, 년
die Woche 주
Verwandte 친척
die Leute 사람들
beneiden ㊐ 부러워하다, 질투하다

3 한 걸음 더

❑ Mit wem?

본문 대화 중에 나왔던 다음의 표현을 보겠습니다.

Eine Reise? Mit wem? Wohin?

전치사가 의문사를 목적어로 취하고 있는 mit wem은 '누구와 함께?'라는 질문이 됩니다. 주어와 동사가 생략되어 쓰인 것입니다.

Mit wem bist du gefahren?

앞에서 전치사와 의문사의 축약형이 womit이라고 설명했습니다. 그런데 이 강에서는 그렇지 않은 예가 나온 것입니다. 위의 예문에서 wem은 사람을 대신하고 있는 의문사입니다. 당연히 대답할 때에도 사람으로 대답해야 합니다. 의문사가 사람을 대신하고 있는 경우, 이 의문사를 wo로 축약할 수 없습니다. 아래의 예문들을 비교해 보면 그 확실한 차이를 알 수 있을 것입니다.

A: Womit bist du gefahren?
B: Mit dem Bus bin ich gefahren.

A: Mit wem bist du gefahren?
B: Mit Klara bin ich gefahren.

❑ 의문사와 의문문

이 강에서는 다양한 의문사와 의문문이 나옵니다. 이 의문사들의 정확한 의미를 알기 위해서는 이 의문문들에 대한 대답을 공부해야 합니다. 먼저 다음의 의문사들이 어떤 말들의 축약형인지를 보겠습니다.

womit ⇒ mit + was
wohin ⇒ wo + hin
woher ⇒ wo + her

다음은 축약형이 아니라 의문사가 부사로 쓰여서 형용사를 수식하고 있는 경우입니다.

wie lange

이제 이 의문사들의 의미를 더 잘 익히기 위해서 이 의문사들을 이용한 의문문과 그에 대한 답변을 연습해 보겠습니다.

A: Womit fährst du morgen?
B: Morgen fahre ich mit meinem Auto.

A: Wohin fährst du denn?
B: Ich fahre nach Wien.

A: Mit wem fährst du?

B: Ich fahre mit Klara.

A: Wie lange werdet ihr fahren?
B: Etwa sieben Stunden lang werden wir fahren.

A: Woher kommst du eigentlich?
B: Ich komme aus Spanien.

❑ Wie schön!

Wie schön!

이라는 표현은 말뜻 그대로 해석하면 "얼마나 멋진!"인데, 얼마나 멋진지 모르겠다는 의미입니다. 이런 표현은 감탄문의 일부로서 주어와 동사가 생략된 것입니다. 다음의 표현들도 마찬가지로 감탄문의 일부만 사용해서 의미를 전달하고 있습니다.

Wie schade! (Wie schade das ist!)
Wie frisch! (Wie frisch dieser Salat ist!)
Wie glücklich! (Wie glücklich ich bin!)
Wie schwer! (Wie schwer solch ein Abschied ist!)

감탄의 표현이 사용되는 맥락을 함께 보겠습니다.

A: Die Reise nach Italien war sehr interessant!
B: Wie schön! Ich beneide dich!

A: Ich habe diese Brötchen gebacken.
B: Wie frisch sie sind!

A: Wir haben jetzt die Prüfung hinter uns!
B: Wie glücklich wir sind!

4 구조

❑ 완료 시제 복습

이 강에서도 계속 앞서 배운 완료 시제를 연습하겠습니다. 다음은 이 강에서 사용된 완료 시제가 포함된 표현입니다. 굵은 글씨로 표시한 부분은 완료 조동사와 동사의 과거분사형입니다.

Was **hast** du in den Ferien **gemacht**?

Während der Ferien **habe** ich eine schöne Reise **gemacht**.

Was **habt** ihr dort **gemacht**?

Wir **haben** bei ihren Eltern **gewohnt** und ihre Freunde und Verwandten **besucht**.

Ich **habe** viele nette Leute **kennen gelernt**.

여기 쓰인 동사들은 wohnen을 제외하고 모두 타동사입니다. 동사 wohnen도 장소의 이동이나 상태의 변화를 나타내는 자동사가 아니기 때문에 완료형을 만들 때 조동사 haben을 필요로 합니다. 반면 아래의 문장들은 완료 조동사로 sein을 택하고 있습니다.

Ich **bin** mit Klara **gefahren**.

Seid ihr nach Deutschland **gefahren**?

Wie lange **seid** ihr da **gewesen**?

동사 fahren은 장소의 이동을 의미하는 동사이기 때문에, 그리고 세 번째 문장의 sein은 맹목적으로 완료 조동사 sein을 취하는 동사이기 때문에 이와 같이 쓰였습니다. 여기에 쓰인 문장들을 반복적으로 읽으면서 완료형 문장을 익히기 바랍니다. 완료형 문장을 만들 때마다 거기 쓰인 동사가 haben을 필요로 하는지 sein을 필요로 하는지 매번 따지고 생각하는 일이 번거롭고도 불가능하게 여겨지겠지만, 정작 우리가 사용하는 동사는 한정되어 있기 때문에, 자주 사용되는 동사의 완료형을 반복해서 읽고 익히면 쉽게 익숙해질 수 있습니다.

❑ 동사의 과거형

제36강에서 과거에 있었던 일을 표현하기 위해서는 과거 시제와 완료 시제가 모두 사용된다고 말씀드렸습니다. 그러면서 과거 시제 형태에 대해서는 말씀드리지 않고 지나갔었지요. 이 강에서는 동사의 과거형에 대해 간단히 설명하겠습니다.
이 강에서 과거형이 사용된 wollen 동사의 예를 들겠습니다. 동사 wollen의 과거와 과거 완료는 다음과 같습니다.

wollen — wollte — gewollt

그런데 여기서 말하는 과거 시제 wollte는 과거분사와는 달리 인칭과 상관없이 과거 시제에 쓰이는 것은 아닙니다. 과거형 wollte는 일인칭 단수의 과거형이라고 보는 것이 맞습니다. 일인칭 단수의 형태를 기준으로 하여 이 과거형은 수와 인칭에 따라 변화합니다. 아래의 표를 함께 보면서 그 변화를 읽어 보겠습니다.

ich	wollte	wir	wollten		
du	wolltest	ihr	wolltet	Sie	wollten
er, es, sie	wollte	sie	wollten		

표에서 붉은 글씨로 표시한 부분이 동사의 과거형 변화 어미입니다. 단수 일인칭을 기준으로 해서 변화하는 것, 단수 일인칭과 삼인칭의 변화 어미가 같다는 것, 복수에서의 어미 변화가 동사의 현재형 어미 변화와 별반 다르지 않다는 것 등은 우리가 이미 여러 차례 들어 본 변화형입니다. 네, 화법 조동사의 변화형과 매우 비슷합니다. 다만 화법 조동사는 단수와 복수 변화에서 어간이 다르고, 과거형은 그렇지 않다는 것이 큰 차이입니다.

과거형을 익힐 때에는 그냥 '화법 조동사처럼!'이라고 생각하고 공부하면 좀 더 편하게 익힐 수 있습니다. 화법 조동사와 달리 원래의 동사 어간이 따로 있는 것이 아니므로, 그냥 과거형 기본 어간을 단수와 복수 상관 없이 쓴다고 생각하면 됩니다.

과거형 변화 어미만을 따로 다음의 표에 정리하여 보겠습니다.

ich	–	wir	–en	Sie	–en
du	st	ihr	–t		
er, es, sie	–	sie	–en		

다음에는 특히 화법 조동사를 비롯한 여러 동사들의 과거형 인칭 변화를 도표로 정리해 보겠습니다. 불규칙 동사 중 특히 과거 시제 기본형에 어미 –e가 없는 경우를 눈여겨보기 바랍니다.

ich	wollte	konnte	musste	ging	war
du	wolltest	konntest	musstest	gingst	warst
er, es, sie	wollte	konnte	musste	ging	war
wir	wollten	konnten	mussten	gingen	waren
ihr	wolltet	konntet	musstet	gingt	wart
sie	wollten	konnten	mussten	gingen	waren
Sie	wollten	konnten	mussten	gingen	waren

이제 본문에 나왔던 화법 조동사의 과거 시제 변화를 다시 한 번 보겠습니다.

Klara wollte dieses Jahr nach Deutschland fliegen.

위의 동사들을 이용한 다른 문장을 만들어 볼까요?

나는 한 마디 말도 할 수 없었다.	Ich konnte kein Wort sprechen.
나는 내 여동생을 도와줘야 했다.	Ich musste meiner Schwester helfen.
우리는 걸어서 학교에 갔다.	Wir gingen zu Fuß zur Schule.

주로 화법 조동사를 중심으로 과거형을 설명했는데요, 거기에는 이유가 있습니다. 일상적으로 대화할 때 과거를 표현하기 위해 주로 쓰는 시제는 과거가 아니라 현재 완료라고 설명했었습니다. 그러나 화법 조동사의 경우에는 과거형을 쓰는 경우가 더 많습니다. 화법 조동사 자체가 조동사인데 또 완료형 조동사를 쓰는 게 부담이 되어서일 수도 있겠습니다만 그 외에도 여러 가지 이유가 있습니다. sein이나 haben 등 일반적으로 사용 빈도가 높은 동사들도 과거형을 쓰는 경우가 많습니다.

5 Tipp

❑ 이중 완료형

본문 대화 중의 다음 문장은 완료 조동사 haben을 두 개의 과거분사가 공유하고 있는 형식입니다.

Wir haben bei ihren Eltern gewohnt und ihre Freunde und Verwandten besucht.
⇒ Wir haben bei ihren Eltern gewohnt
wir haben ihre Freunde und Verwandten besucht.

시제의 조동사가 여러 개의 과거분사를 취하는 것은 영어와 마찬가지입니다. 일종의 이중 완료형이라고 할 수 있습니다. 주의해야 할 것은 과거분사로 쓰인 동사의 종류가 무엇이냐에 따라서 완료 조동사가 달라질 수 있으므로 항상 위의 문장처럼 조동사를 공유할 수 있는 것은 아니라는 것입니다.

Ich bin heute früh aufgestanden und habe meine Mutter angerufen.

제39강

Wegen der Prüfung?

1 기본 대화와 표현

A: Guten Morgen, Klara!

B: Morgen Jörg! Wie geht's?

A: Nicht so gut. Ich bin müde.

B: Warum? Du siehst ja wirklich schrecklich aus.

A: Ich habe gestern schlecht geschlafen.

B: Wegen der Prüfung?

A: Das auch.

B: Was? Hast du dich die ganze Nacht lang auf die Prüfung vorbereitet?

A: Für wen hältst du mich? Natürlich nicht!

B: Was hast du denn gemacht?

A: Ich habe einen Film gesehen. Einen Horrorfilm.
Erst um 2 Uhr bin ich eingeschlafen.

B: Und du hast wahrscheinlich nicht so viel gelernt.

A: Ich bin erst um halb acht aufgestanden, meine Güte.

B: Was? Wie kannst du denn jetzt schon an der Uni sein?

A: Ich bin mit dem Taxi gefahren!

A: 안녕, 클라라!

B: 안녕, 외르크, 어떻게 지내?

A: 별로 안 좋아. 피곤해.

B: 왜 그래? 너 진짜 안 좋아 보인다.

A: 나 어제 잘 못 잤어.

B: 시험 때문에?
A: 그렇기도 해.
B: 뭐라고? 너 밤 새워 시험공부 했단 말이야?
A: 날 뭘로 보는 거야? 물론 아니지!
B: 그럼 대체 뭘 했어?
A: 영화를 하나 봤어. 호러영화였어. 2시가 되어서야 겨우 잠이 들었어.
B: 그리고 아마도 공부는 그렇게 많이 못 했겠네.
A: 7시 반에야 일어났다구, 맙소사!
B: 뭐? 그런데 어떻게 벌써 학교에 와 있는 거야?
A: 택시 타고 왔어!

2 어휘

müde ㉠형 피로한
wirklich ㉠형 정말로
schlecht ㉠형 나쁜, 상태가 안 좋은
die Prüfung 시험
sich auf 4격 vorbereiten ~을 준비하다
jn. für 4격 halten 누구를 ~로 여기다
Natürlich nicht! 물론 아니지!
der Film 영화
aussehen ㉠동 ~로 보이다, ~한 모습이다
schrecklich ㉠형 끔찍한, 지독한
wegen ㉠전 ~ 때문에
die ganze Nacht 밤새도록
halten ㉠동 유지하다
natürlich ㉠형 자연스러운, 물론
denn ㉠부 도대체
der Horrorfilm 호러영화

3 한 걸음 더

❑ 몸 상태와 관련된 표현

어떻게 지내느냐는 물음에는 대개 잘 지낸다, 좋다고 대답하는 것이 일반적이지요.

A: Wie geht es dir?
B: Es geht mir gut, danke!

별로 좋지 않다거나 그저 그렇다고 말하게 되면 그 뒷말이 이어져야 하기 때문에 부담스러운 것이 사실입니다. 이 강에서는 그 부담스러운 표현을 마저 공부해 보겠습니다.

A: Wie geht es dir?

B: Nicht so gut.

A: Warum?

B: Ich habe zu viel Arbeit.

대답에서 나온 zu viel Arbeit haben은 너무나 많은 일을 가지고 있다, 너무 할 일이 많다는 표현입니다. 몇 가지 표현을 더 보겠습니다.

A: Geht es dir gut?

B: Leider nicht.

A: Was ist los mit dir?

B: Ich bin erkältet.

A: Oh, dann gute Besserung!

이 대화에서는 B가 감기에 걸렸다고 말하고 있습니다. 이에 대해 A는 쾌유를 빈다고 말해 줍니다. 아픈 사람에게는 아예 말을 걸 때부터 안 좋아 보인다고 말할 수도 있겠지요. 실제 회화에서 주의해야 할 것은, 이런 말은 친한 사이가 아니면 하지 않는 것이 좋다는 것입니다.

A: Was ist los mit dir?

B: Warum fragst du?

A: Du siehst nicht so gut aus.

B: Ach ja, ich bin ziemlich müde.

A: Hast du nicht gut geschlafen?

B: Nein, ich habe heute eine Prüfung.

❑ 학교와 관련된 표현

이 강에서는 시험을 앞두고 공부하느라 잘 못 잤다는 대화를 공부했습니다. 학교에 다니면서 강의를 듣고 시험을 보는 등 다양한 활동에 대한 표현을 함께 공부하겠습니다. 어떤 과목을 공부한다는 표현을 하기 위해서는 동사 lernen을 씁니다.

Ich lerne Deutsch.

Ich lerne Mathematik.

Ich lerne Physik.

어디에서 얼마 동안 공부한다는 표현도 같이 연습해 볼까요?

Ich lerne den ganzen Tag lang Physik in der Bibliothek.

Sie haben die ganze Nacht lang zu Hause Deutsch gelernt.

학교 생활의 꽃, 시험을 앞두고 있다는 표현을 해볼까요?

A: Wie geht es dir?

B: Nicht so gut. Ich bin müde.

A: Hast du etwas?

B: Na ja, ich habe eine Prüfung.

발표나 세미나 등을 앞두고 있다는 말도 마찬가지 표현을 쓰면 됩니다.

Ich habe ein Seminar.

Ich habe eine Klausur.

Ich habe ein Referat.

독일의 수업은 보통 토론식으로 이루어지며 수업을 세미나라고 하는 경우가 많습니다. 예문에 쓰인 Seminar는 독일 상황이라면 수업이라고 번역하는 것이 자연스럽습니다. Klausur는 Prüfung과 마찬가지로 시험이라고 번역하면 되지만 특별히 필기시험에 한정해서 하는 말입니다. 이에 비해 구두 시험은 mündliche Prüfung이라고 합니다. 또 세 번째 예문에서 쓰인 Referat은 우리말로 번역하기가 좀 까다로운 말입니다. Referat에는 mündliches Referat이 있고 또 schriftliches Referat이 있습니다. 이 중 mündliches Referat은 우리가 흔히 발표라고 이야기하는, 수업 시간에 프레젠테이션 형식으로 이루어지는 과제 발표를 말합니다. 반면 schriftliches Referat은 리포트라고 보면 큰 무리가 없을 것입니다.
시험을 앞두고 있으면 준비를 해야겠지요? 무엇을 준비한다는 표현은 재귀 동사 sich vorbereiten을 씁니다.

A: Was machst du heute?

B: Ich muss mich auf die Prüfung vorbereiten.

A: Was machen wir heute?

B: Bereiten wir uns auf die Prüfung vor!

4 구조

❑ 현재완료 복습

이 강에서도 역시 현재완료 시제가 쓰인 문장이 대부분인 것을 볼 수 있을 것입니다. 사실 우리의 일상적인 말하기에서는 ~ 이다, ~ 한다라는 표현보다는 ~ 였다, ~ 했다라는 표현이 일반적으로 자주 쓰이기 때문입니다.
다시 한 번 복습을 하기 위해 이 강에서 나왔던 현재완료 시제를 정리해 보겠습니다.

Ich habe gestern schlecht geschlafen.
Hast du dich die ganze Nacht lang auf die Prüfung vorbereitet?
Was hast du denn gemacht?
Ich habe einen Film gesehen.
Erst um 2 Uhr bin ich eingeschlafen.
Ich bin erst um halb acht aufgestanden.
Ich bin mit dem Taxi gefahren!

완료시제를 표현하기 위해 조동사로 haben을 사용한 동사는

schlafen, vorbereiten, machen, sehen

이렇게 네 개이고, 조동사로 sein 동사를 필요로 하는 동사는

einschlafen, aufstehen, fahren

이렇게 세 개의 동사가 대화 중에 나왔습니다. 조동사로 haben을 사용한 동사 중에 vorbereiten, machen, sehen은 타동사이기 때문에 조동사로 haben을 취한 것입니다. 동사 schlafen은 자동사이지만 상태의 변화나 장소의 이동을 뜻하는 자동사가 아니기 때문에 조동사 haben을 취했습니다.
완료 조동사로 sein을 취한 세 개의 동사 중 einschlafen과 aufstehen은 '잠이 들다'와 '잠에서 깨다'라는 의미로 상태의 변화를 의미하는 자동사들입니다. fahren 동사는 장소의 이동을 의미하는 자동사이므로 sein과 결합했습니다.

❑ 어순

아래의 문장을 한국어로 번역하다 보면, 독일어 어순이 한국어의 어순과 참 많이 닮아 있다는 생각을 할 것입니다.

Ich habe gestern schlecht geschlafen.
나는 이제 나쁘게 잤다.

비록 조금 어색한 해석이기는 해도 어순만큼은 같다는 것을 확인할 수 있을 것입니다. 앞에서도 몇 번 말씀드렸지만 독일어와 한국어의 어순은 동사가 후치되는 어순이라는 점에서 근본적으로 같습니다. 따라서 몇 가지 예외적인 경우를 제외한다면 독일어를 한국어로 옮길 때 단어의 순서 그대로 번역하면 됩니다. 다만 이때 주의할 것이 두 번째 위치에 놓이는 정동사입니다. 이 자리는 동사의 자리라기보다는 시제의 자리

라고 생각하기 바랍니다. 그리고 이 문장은 본래 우리 머릿속에서는 다음과 같은 어순으로 구성되어 있었다고 가정하겠습니다.

Ich 시제 gestern schlecht geschlafen haben.

이렇게 놓고 보면 우리 말의 어순과 거의 완전히 일치한다고 볼 수 있습니다. 조동사 haben은 시제 보조어간 '-ㅆ다' 정도로 해석하면 좋을 것 같습니다. 위의 문장에서 특히 주의해서 볼 부분은 붉은 글씨로 표시한, 문장 두 번째 위치의 '시제' 자리와 문장 맨 끝의 동사 부정형입니다. 시제 자리는 문장으로서 구성되기 위해 꼭 필요한 부분입니다. 이곳은 특정한 어휘로 채워지는 것이 아니라, 시제가 표현되는 자리쯤으로 생각하는 것이 좋겠습니다. 문장 맨 끝에 놓이는 동사는 부정형입니다. 이 상태에서는 아직 하나의 문장이 구성된 것이 아니라고 보아야 합니다. 문장이 제대로 되기 위해서는 시제의 자리가 어휘로 채워져야만 하고, 시제를 표현할 수 있는 문장 구성소는 바로 맨 뒤에 있는 동사 부정형입니다. 어쩔 수 없이 동사 부정형이 시제의 자리로 이동해 갑니다.

Ich haben gestern schlecht geschlafen.

이동해 간 다음에는 시제와 주어의 수에 맞춘 동사 형태로 변화합니다.

Ich habe gestern schlecht geschlafen.

이렇게 해서 우리가 아는 문장의 어순이 최종적으로 나타나게 되는 것입니다. 동사가 원래 있는 자리는 한국어와 마찬가지로 문장의 맨 뒤이고, 시제를 표현하여 문장을 완성시키기 위해 두 번째 자리로 이동해 간다고 가정한다면, 독일어의 복잡한 어순들이 쉽게 설명됩니다.

5 Tipp

❑ Für wen hältst du mich?

본문 대화 중에 나왔던 이 문장의 동사를 잘 살펴보시면 조금 의아한 점이 발견됩니다. 정동사인 hältst의 부정형은 halten입니다. 이 동사는 과거와 과거분사가 불규칙하게 변화하는 강변화 동사입니다.

halten — hielt — gehalten

따라서 어간모음 a가 단수 2, 3격에서 변모음으로 변하면서 동사 활용을 하게 됩니다. 그런데 halten 동사의 어간이 halt-로서, t-로 끝나게 되므로 단수 2, 삼인칭에서 어간과 어미 사이에 -e-를 써 주는 규칙에도 적용됩니다. 그러나 실제로는 보시다시피 그렇게 쓰지 않습니다. 어간모음이 변화하는 경우, 어간모음 -e-까지 써 주는 것이 동사에 과도한 변화를 초래한다는 느낌이 들지요? 아마도 그래서 독일어 화자들도 모음 -e-를 생략해 버리는 것 같습니다.

프랑크푸르트의 뢰머 광장입니다. 로마가 이 지역을 정복했을 당시에 만들어진 거리라고 합니다.

제40강

Man kann die Zeit auch zu Hause genießen

1 기본 대화와 표현

Hanul wollte am Wochenende eine kleine Reise machen. Sie hatte aber nicht so viel Geld. Sie ging ins Reisebüro und sprach mit dem Angestellten. Sie fragte nach dem Preis für Fahrkarten und Unterkunft. Für sie war alles zu teuer. Sie entschied sich dafür, eine Tour durch die Stadt zu machen. Sie wollte die Stadt besser kennen lernen. Sie fand jeden Tag etwas Interessantes. Sie machte eine Stadtrundfahrt und ging durch die Parks spazieren. So konnte sie die Stadt besser kennen lernen. Am Sonntag besuchte sie Museen und danach besuchte sie ihre Freunde. Abends blieb sie zu Hause und las Bücher oder sah fern. Sie genoß einfach ihr Wochenende. Sie dachte: „Man muss nicht immer reisen. Man kann die Zeit auch zu Hause genießen!“

하늘은 주말 동안 짧은 여행을 하려고 마음먹었습니다. 하지만 그녀는 그다지 많은 돈은 없었습니다. 그녀는 여행사로 가서 직원과 이야기했습니다. 하늘은 차비와 숙박료에 대해 물었습니다. 하늘에게는 모든 것이 너무 비쌌습니다. 그녀는 도시를 둘러보는 여행을 하기로 결정했습니다. 그녀는 이 도시를 좀 더 잘 알고 싶었던 것입니다. 그녀는 매일 뭔가 새로운 것을 발견해 냈습니다. 그녀는 도시일주를 했고 공원들로 산책을 다녔습니다. 하늘이는 도시를 더 잘 알 수 있었습니다. 일요일에 그녀는 박물관들을 방문하고, 그리고 나서는 친구들을 방문했습니다. 저녁에는 집에 있으면서 책을 읽거나 텔레비전 시청을 했습니다. 그녀는 주말을 제대로 즐겼던 것입니다! 그녀는 생각했습니다: “꼭 멀리 여행을 떠나야만 하는 건 아니지. 집에서도 충분히 즐길 수 있어!”

이 강에서는 지금까지 공부했던 것과는 달리 대화체가 아니라 남에게 이야기를 해 주는 방식을 공부합니다. 따라서 과거에 일어난 일이나 과거의 사실에 대해 이야기할 때 앞에서 설명한 바와 같이 동사의 과거형을 사용해서 말해야 합니다. 과거형은 일상에서 그렇게 많이 사용하는 시제가 아닙니다. 그래서 의외로 쉽게 읽히지 않고 형태도 낯설게 느껴집니다.
그러나 간단한 신문기사나 동화책에서조차도 완료형이 아닌 과거형을 사용하기 때문에 꼭 익혀 두어야 할 시제 형태이기도 합니다.

2 어휘

die Reise 여행
aber ㉤ 그러나
ins Reisebüro 여행사로
anstellen ㉢ 고용하다
nach 3격 fragen ~에 대해 묻다
der Preis für ~의 가격
die Pension 펜션
billig ㉧ 값싼
die Tour 여행
jeden Tag 매일
die Stadtrundfahrt 도시일주 여행
das Museum, die Museen 박물관
abends 저녁이면, 저녁마다
genießen ㉢ 즐기다
das Wochenende 주말
eine Reise machen 여행하다
das Reisebüro 여행사
der Angestellte 남자직원
fragen ㉢ 묻다
der Preis 가격
die Fahrkarte 차표
teuer ㉧ 비싼
sich entscheiden ㉢ 결정하다
kennen lernen ㉢ 알게 되다, 사귀다
interessant ㉧ 흥미로운, 재미있는
der Park 공원
zu Hause bleiben 집에 머물러 있다
fernsehen ㉢ 텔레비전을 시청하다
einfach ㉧ 단순한, 소박한
eine Tour durch die Stadt machen 도시일주 여행을 하다
etwas Interessantes 즐거운 어떤 것, 재미있는 일

❑ abends

Abend는 저녁을 의미하는 명사인데 abends는 '저녁에'라는 의미의 시간 부사입니다. 본문 중에 나왔던 다음의 표현을 다시 한 번 보기 바랍니다.

Abends blieb sie zu Hause und las Bücher.

그 외에도 시간을 나타내는 명사의 첫 글자를 소문자로 쓰고 단어 끝에 -s를 붙여서

시간의 부사를 만들 수 있습니다.

Morgen	morgens
Abend	abends
Nacht	nachts
Wochentag	wochentags

특히 morgens는 '내일'의 의미를 갖는 시간 부사 morgen과 잘 구분하기 바랍니다.

❑ 분리 전철 ab

본문에는 등장하지 않았지만 reisen과 친척뻘인 표현으로 abreisen이 있습니다. 이 동사는 우리가 익히 잘 알고 있는 동사 reisen이 분리전철 ab과 결합한 형태입니다. 동사 reisen은 '여행하다'라는 뜻인데 여기에 분리 전철 ab이 더해지면 '여행을 떠나다'라는 의미가 됩니다.

이처럼 분리 전철 ab은 어떤 행위를 시작하거나, 부착되어 있던 것이 분리되는 것을 표현하는 용법으로 종종 사용됩니다. 분리 전철이 붙는 단어는 어느 정도 그 의미를 짐작할 수 있는 경우가 있지만, 반드시 예측 가능한 것은 아닙니다. 다음의 동사들을 상기해 보면 이해가 더 잘 될 것입니다.

abfahren	(기차 등 탈 것이) 출발하다
abreisen	여행을 떠나다
abbiegen	(가던 길을 계속해서 가는 것을 그만두고) 옆으로 꺾어지다
abnehmen	살이 빠지다

3 한 걸음 더

❑ Sie genoss einfach ihr Wochenende!

본문 중에 나왔던 이 문장은 한국어로 번역하기가 상당히 애매한 표현입니다. 형용사이자 부사인 einfach는 영어로는 simple 혹은 simply로 옮길 수 있습니다. 이 표현을 한국어로 옮기자면 마땅히 이거다 할 단어가 없는 것이 사실입니다만, '그녀는 자기의 주말을 제대로 즐겼다!'라고 일단 번역했습니다. 단순히 즐겼다는 뜻이 아니라, 완전히, 제대로 즐겼고 그것이 전부라는 뜻이기 때문입니다. 이처럼 외국어를 옮길 때에는 정확하게 일대일 대응이 되는 표현을 찾기 어렵기 때문에 그 표현을 반복해서 대하고 그것이 쓰인 맥락을 파악하면서 그 쓰임을 익히는 것이 좋습니다.

Sie genoss einfach ihr Wochenende!

Genießen wir einfach unsere Ferien!

Genießt einfach eure Schulzeit!

Wir lernten einfach.

다음 문장에서는 einfach가 '단순히, 단지'의 의미를 어느 정도 갖고 있는 것처럼 보입니다.

Das ist einfach mein Fehler.

서로 다른 두 개의 언어에서 일대일 대응하는 표현이란 없기 때문에 각각의 표현들은 그 쓰임을 잘 보고 익히는 것이 새로운 언어를 습득하는 가장 빠른 길이겠지요.

❑ Sie machte Stadtrundfahrt

독일어의 machen 동사는 영어의 make 동사와 마찬가지로 다른 명사 표현들과 함께 복합적인 표현을 만들어 냅니다. 아래의 표현들은 이미 우리가 함께 익힌 표현들입니다.

eine Rundfahrt machen

einen Spaziergang machen

Musik machen

die Hausaufgaben machen

이 표현들을 이용해서 여러 가지 문장을 함께 만들어 보겠습니다.

우리 이 도시를 관통하는 일주 여행을 할까?
Wollen wir eine Rundfahrt durch diese Stadt machen?

그녀는 매일 저녁 1시간씩 산책을 한다.
Sie macht jeden Abend eine Stunde lang einen Spaziergang.

우리 가족은 음악 연주하기를 즐긴다.
Meine Familie macht gerne Musik.

이 숙제는 내일까지 해야 한대.
Diese Hausaufgabe sollen wir bis morgen machen.

❑ Sie ging durch die Parks spazieren

동사 gehen은 spazieren 등의 표현과 함께 쓰여서 복합적인 표현들을 만들 수 있습니다. 우리 말의 ' ~ 하러 가다'라는 복합 표현과 거의 정확히 일치합니다. 지금까지 배운 어휘를 이용해서 다음의 표현을 만들어 보겠습니다.

산보하러 가자.	Gehen wir spazieren!
누나는 쇼핑하러 간다.	Meine Schwester geht einkaufen.
어제 나는 수영을 하러 갔다.	Gestern ging ich schwimmen.

4 구조

❑ kennen lernen · spazieren gehen

이 표현에는 동사가 두 개나 쓰였습니다.
독일어에는 부정형 동사가 정동사와 함께 쓰이면서 자기 자신은 변화하지 않고 마치 분리전철처럼 기능하는 용법이 있습니다. 한국어로는 ' ~ 하러 오다', ' ~ 하러 가다' 등의 표현과 같습니다. 이와 같은 용법으로 쓰일 수 있는 동사는 여러 가지가 있지만 이 강에서는 우선 kommen과 gehen만 기억해 두도록 합니다.

지금까지 배운 동사 표현을 이용해서 다음의 표현을 만들어 볼까요?

수영하러 가다	schwimmen gehen
공부하러 오다	lernen kommen
잠자러 가다	schlafen gehen

❑ nicht immer

이 말은 '늘 ~ 이지 않다', '늘 ~ 하지 않다'라는 의미입니다. nicht는 영어의 not에 해당하고 부사 immer는 영어의 always에 해당합니다. 두 단어를 합해 놓은 것도 정확히 영어의 not always와 같은 표현입니다. 흔히 이런 표현을 부분 부정이라고 하지요. 함께 다음 표현을 만들어 볼까요?

나는 늘 피곤한 것은 아니다.
Ich bin nicht immer müde.

그녀는 항상 도서관에서 공부하는 것은 아니다.
Sie lernt nicht immer in der Bibliothek.

조금 응용을 해 볼 수도 있겠지요?

나의 어머니가 모든 것을 다 아는 것은 아니다.
Meine Mutter weißt nicht alles.

❏ 부문장 dass 절

본문 중에 나왔던 다음 표현은 우리가 흔히 직접화법이라고 부르는, 말하는 내용을 인용부호를 이용해서 그대로 옮기는 방식입니다.

Sie dachte: „Man muss nicht immer reisen."

이 문장을 소위 간접화법으로, 즉 절을 사용해서 옮겨 볼까요?

Sie dachte, dass man nicht immer reisen muss.

주어와 동사가 두 번 반복해서 나오는 것으로 보아 두 개의 문장인데, 첫 번째 문장은 주어 + 동사의 어순, 즉 우리가 지금까지 공부해 왔던 보통의 문장 어순인데 두 번째 문장은 조금 다른 어순을 보입니다.

dass + 주어 + 문장의 나머지 부분 + 동사

두 번째 문장은 접속사 dass가 이끄는 부문장입니다. 영어의 예를 들자면, that이 이끄는 명사절에 해당하는 구문입니다. 특이한 것은 부문장에서 동사가 문장의 맨 뒤에 놓인다는 것입니다. 반면 정동사가 두 번째 위치에 놓이는 문장은 주문장이라고 해서 이와 구분합니다. 명사절을 이끄는 dass 이외에도 부문장을 이끄는 접속사들이 있습니다만, 여기에서는 우선 가장 자주 쓰이는 접속사 중 하나인 dass가 포함된 부문장만이 다루어집니다. 다음의 표현을 함께 만들어 볼까요?

나는 너도 온다는 것을 몰랐다.
Ich wusste nicht, dass du auch kommst.

곧 봄이 온다는 것을 상상해 보아라.
Stell dir vor, dass der Frühling bald kommt.

❑ 동사의 과거형

이 강에서는 동사의 과거형이 쓰였습니다. 과거에 있었던 일을 일상적인 대화에서 말할 때에는 과거형을 쓰지 않고 완료형을 씁니다. 그러나 이 강에서는 이야기가 아니라 텍스트로 과거의 일을 서술하고 있습니다. 이런 경우에는 동사의 과거형을 이용해서 과거 사실을 서술합니다. 이 강에 나왔던 동사들의 과거 변화를 연습해 보겠습니다.

	haben	gehen	sprechen	fragen	sein
ich	hatte	ging	sprach	fragte	war
du	hattest	gingst	sprachst	fragtest	warst
er, es, sie	hatte	ging	sprach	fragte	war
wir	hatten	gingen	sprachen	fragten	waren
ihr	hattet	gingt	spracht	fragtet	wart
sie	hatten	gingen	sprachen	fragten	waren
Sie	hatten	gingen	sprachen	fragten	waren

5 Tipp

독일어의 부문장은 동사의 위치에서 주문장과 결정적으로 구분이 됩니다. 앞에서 und나 aber로 연결되는 문장도 보았지만 그 문장들은 정동사가 두 번째 위치에 오는 주문장이었다는 것을 기억할 것입니다. 이처럼 접속사 중에서도 주문장 두 개를 연결하는 접속사를 등위접속사라고 하며 und, aber, oder, denn이 이에 속합니다.

Wir haben jetzt alles gelernt, aber wir lernen weiter!

로텐부르크 시내를 내려다본 풍경입니다.

40일간의 독일어 산책

초판 1쇄 발행 2008년 12월 25일
초판 10쇄 발행 2018년 1월 25일

지은이 이소영
펴낸이 성낙인
펴낸곳 서울대학교출판문화원

출판등록 제15-3호

주소 08826 서울 관악구 관악로 1
대표전화 02-880-5252 | 팩스 02-888-4148
홍보마케팅팀(주문상담) 02-889-4424, 02-880-7995
이메일 snubook@snu.ac.kr
홈페이지 www.snupress.com

ISBN 978-89-521-0972-9 03750

ⓒ 이소영 · 2008
지은이와의 협의하에 인지는 생략합니다. 잘못된 책은 바꾸어 드립니다.
이 책의 무단 전재나 복제 행위는 저작권법 제98조에 따라 처벌받게 됩니다.